聘谁

用A级招聘法找到更合适的人

THE A METHOD FOR HIRING

WHO

[美] 杰夫·斯玛特（Geoff Smart） 兰迪·斯特里特（Randy Street）◎著 任月园◎译

中国经济出版社
CHINA ECONOMIC PUBLISHING HOUSE
北京

北京版权保护中心引进书版权合同登记号：图字 01-2019-3008 号

图书在版编目（CIP）数据

聘谁 /（美）杰夫・斯玛特，（美）兰迪・斯特里特著；任月园译. —北京：中国经济出版社，2019.6（2020.3 重印）
ISBN 978-7-5136-5587-3

Ⅰ. ①聘… Ⅱ. ①杰… ②兰… ③任… Ⅲ. ①企业管理－人才－招聘 Ⅳ. ① F272.92

中国版本图书馆 CIP 数据核字（2019）第 040067 号

作　　者：［美］杰夫・斯玛特　兰迪・斯特里特
译　　者：任月园
策　　划：中资海派
执行策划：黄　河　桂　林
责任编辑：耿　园
特约编辑：闵耀洋
责任印制：胡小瑜
出版发行：中国经济出版社
印 刷 者：深圳市雅佳图印刷有限公司
经 销 者：各地新华书店
开　　本：787mm × 1092mm　1 / 32
印　　张：8
字　　数：161 千字
版　　次：2019 年 6 月第 1 版
印　　次：2020 年 3 月第 2 次
定　　价：55.00
广告经营许可证　京西工商广字第 8179 号

中国经济出版社　**网址** www.economyph.com　**社址** 北京市东城区安定门外大街 58 号　**邮编** 100011
本版图书如存在印装质量问题，请与本社销售中心联系调换（联系电话：010-57512564）

致中国读者信

To all of our friends in China —

We hope that the ideas in this book will help you to hire the right "who" to achieve continued professional success and economic growth.

All the Best,

[illegible] + Randy Street

亲爱的中国朋友：

我们希望你能运用本书的观点找到最合适的人才，从而实现事业的成功和财富的增长。

祝一切顺利！

杰夫·斯玛特

兰迪·斯特里特

WHO 聘谁 THE A METHOD FOR HIRING 荣耀榜

亚马逊畅销书

Amazon Best Seller

《纽约时报》畅销书

The New York Times Best Seller

《华尔街日报》畅销书

The Wall Street Journal Best Seller

《今日美国》畅销书

USA Today Best Seller

《商业周刊》畅销书

Business Week Best Seller

《上海日报》中国最佳商业书籍五强

Shanghai Daily Top Five Business Book

加拿大《环球邮报》年度最佳商业管理书籍

Canada's *The Globe and Mail Newspaper* #1 Business Book

一本解决商界难题的里程碑式著作

实用性

在这部具有里程碑意义的人力资源著作里，杰夫·斯玛特和兰迪·斯特里特提供了简便、实用、高效的方法，解决了《经济学人》杂志声称的“当今商界唯一重要的问题——招聘失败！”。

书中介绍的A级招聘法，重点讲述人人都能执行的基本要点，可以让你的招聘成功率达到90%。

权威性

杰夫·斯玛特是斯玛特顾问公司的董事长和CEO。该公司创建于1995年，专门为CEO和投资人提供管理评估。斯玛特公司的客户有著名的私募股权投资人、世界500强CEO和商界亿万富翁等。

公司因帮助客户聘到合适英才被《华尔街日报》《商业周刊》和

《财富》等权威媒体重点报道，部分招聘案例被哈佛商学院援引为教学案例。

科学性

斯玛特顾问公司的客户既有世界 1 000 强企业，也有新兴的创业公司；既有华尔街的银行家，也有非营利机构的领导人。从温哥华到悉尼，从米兰到台北，其业务遍布全球，并运用本书所传授的方法帮助顾客猎到 1.2 万名英才，培训出 3 万余名经理人。

在本书中，作者采访了 80 多位杰出商界人士，其中包括 20 多位亿万富翁，30 多名市值数十亿美元的公司的 CEO，采访时间共计 1 300 小时。所有采访内容均属原创，没有抄袭或复制任何现有文章和书籍。

从今天起，告别“无效招聘”

我刚读完了杰夫·斯玛特和兰迪·斯特里特的新作《聘谁》。我不得不承认，这本书太棒了，真的很棒。

杰夫和他的父亲布拉德·斯玛特以普及“顶级评级法”（Topgrading）而闻名。这种周密的招聘流程可以帮你把成功招聘的概率从 50% 提高到 90%。我知道的每一位活着的雇主，都热衷于提高面试和聘用的效率。

斯玛特和斯特里特是其领域中的专家，他们投入了巨大的资金，为世界上最大和最好的公司服务。通过研究，他们估计招聘失误对雇主造成的损失，是该招聘岗位薪水的 15 倍。这个数字听起来过高，但如果你把薪水、损失的生产力和机会成本加起来，就相当可信了。

《聘谁》是一本简洁明快但信息量巨大的读物。它从一个所谓的“无效招聘”开始讨论，这是大多数雇主在面试流程中使用的方法。我对“无效招聘”感到内疚，我猜你们大多数人也是一样。我的大部分招聘工作就是凭猜测和直觉，而且总是匆匆结束。所以不难发现，我们需要做点改变。接下来，本书解释了招聘 A 级员工的重要性。他们把 A 级员工定义为某个岗位的超级明星，一个适应公司文化的天才。B 级和 C 级招聘会耗费你的资金，A 级招聘能让你节约成本并增加收益。

这本书的主料是 A 级招聘法的 4 个关键因素：记分卡、物色、选拔和说服。我无法在这样一篇简短的书评中真正公平地评价这个充满智慧光辉的系统，所以我简单说一下：

- 记分卡是这个职位的蓝图，不是描述，而是你在招聘时评判应聘者的标准；
- 物色指的是你如何寻找心仪的候选者，首先是别人的推荐，然后是招募；
- 选拔过程需要进行 4 场面试——筛选面试、升级面试、专项面试和咨询证明人；
- 说服很重要，但经常被忽略，即说服你的顶级候选人上岗。

由于你需要 A 级人才，因此你必须为最佳人选而努力，不仅要全力以赴追到他，更要留住他。这本《聘谁》能够为你答疑解惑，帮助你从宏观审视整个流程，并正确执行。这本书在我的集团是必读书，里面讲述的方法也被纳入我们的招聘新流程。我向所有想提升招聘成功率并避开风险的人强烈推荐这本书。

专家推荐

武向阳

广东省东方谈判发展研究院院长

广东省职业经理人协会原常务副会长兼秘书长

畅销书《首席谈判官》《谈判兵法》作者

企业如何聘到更适合的人才

大数据、人工智能、移动互联网正深刻地改变着这个时代。我们可以预见即将到来的更广泛的变革，企业对人才的依赖也日益加重。不幸的是，企业管理者正遭遇越来越多的员工跳槽，他们必须建设一套更为高效的招聘体系，以挑选到有能力并愿意为其长期服务的人才。

那么，有效的招聘体系包含哪些重要因素？《聘谁》中指出，选才的成功来自 4 项重要的步骤：建标、判别、决断和融入。

第一步，建标。成功选才，依赖于建立正确的选才标准。很多专业机构的研究结果表明：让人达到理想业绩的重要因素是能力，而让人保持理想业绩的重要因素是动力。中国很多优秀企业，如李宁、中广核、南方基金等，都为关键岗位建立了清晰的选才标准，从而规避了选才过于主观的风险。

第二步，判别。即通过面试、模拟测试与工作动力测试 3 种方法，来收集应征者行为的相关数据和资料。面试和工作动力测试都是通过评估应征者过去的行为来预测其与应聘岗位的匹配度。模拟测试则是通过评估应征者目前的行为来预测其与应聘岗位的匹配度。

现实中，企业经常只通过面试来判别应征者，这样势必不能充分收集应征者的数据，尤其是当面对没有工作经验的大学生或者特别内向的人时。因此，一些优秀公司，比如飞利浦、施耐德等，都在它们的招聘体系中加入了模拟测试，这样就大大提高了面试的准确度。

第三步，决断。即分析及整合所有面试人员的数据。面试官先根据自己收集的资料对各能力进行评分，再与其他面试官一起交换和整合彼此的数据。透过系统性的讨论，缺乏面试经验的面试官也能通过多人讨论与数据分享，作出相对客观的选拔决定。

第四步，融入。很多企业都把发放录用通知作为选拔的最后步骤。其实正是这样的错误认识，导致很多员工进入公司不久就离职 (这种情况在某些企业高达 15%)，致使企业蒙受损失。作者采访了 20 多位亿万富翁和 30 多位企业 CEO，他们当中有 1/3 的人认为，忽略考察文化适应性是聘错人的重要原因，而且他们认为，不能融入企业文化的人，即便再有才干，也做不好工作。

简而言之，《聘谁》是一本 HR 的工具书，也是求职者从容应对各类面试的极佳指南，更是想要从事管理工作的人的案头必读书。因此，我推荐你认真阅读这本书。

桂 峰
深圳市深策地产顾问有限公司
首席策略师

宁做“伯乐”，不做“驯马师”

在当下资源及资讯同质化的竞争格局中，人成了跨度和变数最大的因素，甚至是决定性因素。优秀的人更能够善用有效的资源及资讯，使其产生符合预期甚至是超出预期的效能，从而赢得胜利，为企业、为自己赚取更多的利益。

这已成为领导者们聘用人才的共识。可关键的问题恰恰在于，企业的领导者应该通过哪些更加有效的方法和技巧，才能使“用人的问题”真正得到解决，从而为企业找到最合适的、最高效的人才呢？

很多领导者坚信，企业是一个大染缸，无论什么类型的人才，都可以通过企业文化渗透、管理制度约束以及领导者个人魅力来对其施加影响，让其改变。但这样的想法和做法往往是一厢情愿。

试想一下，即便把这么多的时间、精力等资源用在纠偏、调整、适应等问题上，也没有达到领导者预期设定的目标和计划，说明这些想法一开始就存在误差。

优秀的人本身就应具有独立思考的能力。如果一个人已具备独立思考的能力，要对其进行强制性的调整和改变就非常困难，也是不可取的；如果一个人不具备独立思考的能力，那么他也就很难被称为人才了。千里马在遇上伯乐之前也是千里马，只是未被发现而已，故领导者的工作重点不在于调整和改变，而在于发现最适合岗位的人。那么，如何才能发现呢？

我们经常发现，很多企业采购生产资料时，会货比三家，从产品的各项指标到价格，从送货方式到保修条款，都会进行综合的衡量，从而保证每一分钱都花得值。为什么会这样？因为这些都是可以量化的因素，简单来说，就是因为这些账是可以算清楚的。

然而，我并不太赞同用这种方法去衡量一个人，毕竟人是动态的，心态、能力、理想随时随地都在发生变化。但不可否认的是，聘到合适英才已经成为企业发展的决定性要素，领导者们非常需要一种有效的方法，把招聘风险降到最低。

尽管领导者们大多知道要从候选者负责任的能力、诚实度、学习能力、相处能力、抗压能力、组织能力、性格特点等多个维度去分析判断，但核心问题在于：准确判断的方法在哪里？

斯玛特与斯特里特提出的“用A级招聘法找到A级选手”，为领导者们提供了很好的解决方法。读完《聘谁》这本书后，你会发现，以前在招聘甚至用人方法上都存在很多误区，有些误区对于企业经营来说甚至是致命的。

A级招聘法的最成功之处在于，它运用理性的方法降低了招聘者感性判断的出错概率。其独特的逻辑解构方式可以让我们更加清晰地了解和判断候选人能否胜任该岗位，是否能在共事的过程中成为好的工作伙伴。

其实，在选聘人才的问题上，一开始，就决定了成败。

《聘谁》是一本很有价值、能给企业经营带来启发的好书，值得推荐。

权威推荐

刘浩
智联招聘 CEO

平均的投入产生平均的回报，在获得人才方面也是一样的。方法有很多，有些也不是一成不变的。真正考验我们的，是能不能、敢不敢在对我们价值最大的事情上，做最大的投入。

甄荣辉
前程无忧 51job CEO

人才对于企业的成长是至关重要的。我们一直在寻找 A 级选手，却忽略了《聘谁》中讲到的说服 A 级选手。招聘不是一次性就完成的，这个过程需要一本《聘谁》作为指南。

俞国梁
猎聘网　海外总经理

多年来，猎聘网与许多大中型企业的管理及人力资源部门有过密切合作，我们深知，越是高端人才、高级职位，招聘越需谨慎，因为聘错人的代价太高昂了。《聘谁》这本书不管对于企业的高级管理者还是人力资源经理来说，都极具借鉴意义。

孙大元
北京东方慧博管理咨询有限公司　董事长

《聘谁》是一本极具创新思想的人才招聘与决策著作。以丰富的实践为基础，该书系统地回答了为什么招聘、如何招聘的问题。它深入探讨“聘谁”问题的根源和本质，全面给出解决聘用问题的最简单、最实用、最有效的方法，是提升企业和组织的招聘能力和效率的利器，也是中国人才招聘服务机构提升专业能力最需要学习的一本书。

唐秋勇
HRoot 总经理、《人力资本管理》主编

近几年来，在全球范围内出现频率最高的一个词就是“双赢”（或者叫“共赢”）。对于人才管理与发展领域来说，找到合适的人更能体现出一家优秀企业的竞争能力。

《聘谁》这本书为所有招聘主管和业务经理提供了简洁、易用的方法和工具，同时也为众多职场人士提供了值得借鉴的职业定位原则以及职业规划理念。

周延前
中国人力资源 3 000 强　秘书长

经营目标的实现，并不取决于经营战略目标的设计过程，而是取决于聘用谁去达成这个目标，如何正确选帅点将。

《聘谁》这本书，用通俗易懂的观点和里程碑式的选聘方法，给了我们清晰的答案，是一本值得国内企业家、人力资源负责人认真学习的典范之作。

高鹤洁
光大永明人寿保险有限公司　副总裁

当今商场上，没有经历过错误招聘苦痛的企业几乎凤毛麟角。CEO 们都渴求“A 级人才”。《聘谁》汇集 80 多位杰出商界人士的经验，告诉你如何成功地聘到最合适的人才。

姜水
北京住总房地产开发有限责任公司　人力资源总监

人才的“选、训、用、留”是我们经常要做的功课。感谢《聘谁》一书给了我们重要的参考。

罗元福
著名人力资源专家、《破解“窝火”的绩效管理》作者

这是一本从实践中来到实践中去的好书！作者在人才聘用的方向上、方略上和具体方法上，都直击《聘谁》问题的本质，以达到人和组织的天人合一的境界和效果，我强烈推荐！

马歇尔·古德史密斯
《自律力》《习惯力》作者

经理人该担心的不是要做什么“事”，而是找到能做事的“人”。本书为求贤若渴的世界开出药方。

史蒂夫·A. 斯瓦茨曼
黑石集团合伙创始人、董事长兼 CEO

黑石集团全体人员对斯玛特公司翘拇指称赞。

威廉·R. 约翰逊
亨氏集团董事长、总裁兼 CEO

斯玛特公司帮助亨氏集团获得人才竞争优势。

马克·盖洛格里、杰弗里·阿伦森
中桥投资有限合伙公司合伙创始人、执行董事

斯玛特的方法用来招聘投资高手或 CEO 很管用。

艾德·埃文斯
联合废品工业公司执行副总裁、人事总监

如果你想作出明智的招聘和提拔决定，请务必读一读《聘谁》。凭着 20 多年的人力资源管理经验，我向你推荐：它是聘用中高层管理者的最佳行动指导书。

肯 · 格里芬
城堡投资集团创始人、总裁兼 CEO

组建团队是最重要的商业投资，斯玛特公司帮我们正确地招聘合适的人才。

约翰 · 瓦利
巴克莱银行　CEO

本书的要点是：公司经营者应该把“招聘”列为战略要事。

凯尔文 · 汤姆森
海德思哲国际咨询公司　执行董事

一本出色的书，拨开“无效招聘”的迷雾，抛开人力资本的官话，提供一个简单但真实的答案，解决一个艰难的问题——挑选正确的员工。

斯泰茜 · 舒斯特曼
力士投资公司董事长、CEO

所有想组建优秀团队者的必读之书。

马特 · 利文
贝恩资本公司　执行董事

斯玛特公司做到了！伟大的事业并不会自己跑起来，只有伟大的人才能成就伟大的事业。斯玛特公司拥有真正能够为你找到 A 级员工的方法。

加布里埃·艾加瓦里亚
科罗纳集团董事长、总监

本书提供帮助许多经理人攻克招聘难题的实际解决方案。

约翰·马龙
自由媒体集团　董事长

这本书非常出色—它全盘指导你组建、维护并激励团队。

迈克尔·J. 阿赫尔恩
第一太阳能有限公司　CEO

我们积极执行斯玛特 A 级招聘法，使公司迅猛发展。

杰伊·乔丹
乔丹公司　CEO

我希望在 30 年前，在自己的职业生涯刚开始时读到这本书。

威廉·英格拉姆·科奇
奥克斯博集团创始人、总裁

聘对人能让你赢得比赛，也能帮你取得职场成功。

约翰·泽尔默
联合废品工业公司董事长、CEO

我们把斯玛特 A 级招聘法作为领导力培训和人才管理的重点。我们公司关键领域经营的显著改善表明这个方法非常实用。

亚伦·肯尼迪
爱面公司创始人、董事长

阅读本书时，你会发现自己时时点头称是，口中说“讲得没错”，脑中想“噢，我有同感”。不管你是自己创业还是负责大公司的某一部门，成功大小总跟你能否在正确时间在正确岗位上安排正确的人有关。

阿雷克·高尔斯
格雷斯集团创始人、董事长

CEO 和中层经理人能从此书中获益良多。

马克·斯通
格雷斯集团　高级执行董事

我们邀请斯玛特公司培训我们公司的 CEO 们使用 A 级招聘法。那些能够正确运用这一方法的 CEO，不仅解决了招聘这一头号难题，还将它转化为自身最大的优势。

保罗·拉塔其奥
BGC 合伙人有限公司　高级执行董事

10 年来，我运用斯玛特的方法作出正确的招聘决定，成功率很高。

罗杰·马力诺
美国 EMC 数据存储公司　合伙创始人

这本书将为你和你的公司节省时间和金钱。在商业中，除了时间与金钱还剩什么呢？

韦恩 · 休伊曾加
百视达公司和全美汽车租赁公司前创始人和 CEO

杰夫 · 斯玛特和兰迪 · 斯杰特完成了一项了不起的工作，从世界上最成功的商业领袖身上提取出了最佳建议。

科里亚 · 奥康纳
塞威克利学院　院长

读过吉姆 · 柯林斯著作的人都会知道聘对人是至关重要的一步。《聘谁》分解步骤，教你一步步实践 A 级招聘法。我参加过斯玛特的升级面试，这次经历非常宝贵，让我了解怎样才能从 A 级候选人成长为 A 级校长。

罗伯特 · 吉列
霍尼韦尔宇航公司总裁、CEO

70% 的成功在于为合适的岗位找到合适的人，听取他们的建议，清除成功路上的障碍，让他们尽展才华。本书提供良好的建议和指导，确保你从一开始就拥有合适的英才。

维恩 · 哈尼什
企业家组织创始人、《掌握洛克菲勒的习惯》作者

能否聘对人决定企业的生死。在本书中，斯玛特团队提供了简单实用、生动有趣的建议和技巧，把头疼的招聘工作变成提升竞争力的源泉。

《华尔街日报》

招聘是商业运作中最重要的环节，但依然存在很多令人扼腕的误解。本书作者教你用严谨的面试方法聘到最优秀的人才。

史蒂夫·N. 开普兰
芝加哥大学纽鲍尔家族商学院企业和金融学　教授

实际经验跟严谨调研的完美结合。

本书献给斯玛特顾问公司（ghSMART）的客户，

为你们服务是我们莫大的荣幸。

目 录

引言 找对人比做对事更重要 1

第1章

你是否饱受聘错人的痛苦折磨？ 7

原 CEO 在任，公司业绩连续 5 年未增长；新 CEO 上任，公司业绩 2 年内上涨了 678%。A 级 CEO 让“铅气球”公司变身“氢气球”公司，A 级招聘法为黑石集团和阿波罗投资公司创造了多大的价值？

聘错人的成本到底有多高？ 10
十大错误招聘术 15
聘用 A 级候选人的价值有多大？ 19
A 级招聘法四大步骤 22
从今天起，远离聘错人之痛的折磨吧 26

第2章

记分卡：岗位规划图 29

一位勇于开拓创新、擅长招揽新订单的销售经理被通用动力公司辞退，仅仅因为他不能解决公司目前最急需解决的问题——消化已有订单？

使命：工作的实质 33
成果：任务必达 38
能力：确保胜任 40
文化适应性：融入公司 45
把战略目标分解成成果 50

第3章

物色：在职位空缺前就瞄准新人 57

凭借“你有适合的人介绍到我公司吗”的寒暄用语，怡安集团CEO 就能聘到曾为布什总统服务的人？戴蒙实话实说：“我是被花旗银行开除的。”为何摩根大通集团还会聘他为分公司CEO？

临时抱佛脚，最多聘到 B 级员工 59
通过熟人推荐编织人才网络 63
每个员工都可成为人才“星探”67
请各行业精英做你的兼职招聘代表 68
找到深入了解你的招聘需求的猎头 70
与招聘调研机构合作 71
利用人际网络物色 A 级人才的小技巧 72
管理你的物色系统 74

第4章

选拔：四重关卡、层层过滤 83

面对自称“因与老板有意见分歧而离职”的销售副总裁，我是怎样让其自动说出“因打了老板，既丢了300万美元期权又被炒鱿鱼”的实情？

筛选面试：剔除不合格者 86
升级面试：摸清候选人的职业经历 97
专项面试：考察应聘者成果、能力和文化适应性 114
咨询证明人：检验信息真伪 119
决定：你到底该聘谁？ 126

第5章

说服："成交"的五大法宝 137

一位本不想轻易搬家的微软和甲骨文公司前首席财务官，自由媒体集团董事长如何说服他搬至新工作所在地从而顺利出任CEO？

用"适合"说服 141
用"家庭"说服 142
用"自由"说服 146
用"财富"说服 148
用"乐趣"说服 150
说服的5个波段 151
将说服进行到底 157

第6章

在公司内部运用A级招聘法 163

整天早出晚归、精疲力尽的运营总监，自从聘到A级人才、组建A级团队后，不但睡眠好了，竟然还有时间做运动、陪妻子了！

别戴有色眼镜 170

组建 A 级团队 172
为 A 级候选人营造“支持性”文化 174
培养、提拔和选择继任者 175
为了留住 A 级人才，请解雇 C 级员工 178
请关注“人”，别盯着“事” 180

第 7 章 运用 A 级招聘法招聘你的下一位 CEO 185

“绵羊”型 CEO 和“猎豹”型 CEO，谁更能为公司赚钱？投资人约翰·马龙像激光一样专注地做微软首席财务官马费伊家人的思想工作，才劝服他们从寒冷的西雅图搬到自由媒体集团的总部丹佛。挖人才，更要“挖”其家人的心。

什么样的 CEO 最能为你赚钱？ 187
A 级招聘法招聘 CEO 的步骤 191

误聘成本计算表 197
管理层胜任力列表 201
行业领军者档案 207
致谢 217
译后记 221

引 言

商界人士最重要的决定不是如何做事，而是如何聘人。

——吉姆·柯林斯（Jim Collins）
《从优秀到卓越》作者

找对人比做对事更重要

“人”是你的头号难题。“事”则不然。

“事”，指的是你采取何种策略、提供哪些产品和服务、运用哪套流程等。你可以把整个职业生涯都花在解决无穷无尽的烦心“事”上，以为这样就可以推进经营。多数经理人乐此不疲。遗憾的是，只关心“事”不但会增大你的压力、减少你的收入，还会大大牺牲掉你的个人时间。

聪明点，从今天起，你应该更重视如何用“人”。

“人”，指的是在合适岗位上为你做“事”的人。试问：是谁在为你统帅销售队伍？是谁在为你装配产品？是谁占据了领导指挥的宝座？又是谁在为你创造奇迹，抑或是充当麻烦制造者？

问问彩虹逻辑（Spectra Logic）公司的内森·汤普森（Nathan Thompson）吧。汤普森的公司现在繁荣兴盛，可早些年前，他却被那些糟糕的雇员们弄得脱不开身，甚至无法度假。这并不是因为汤普森面试时粗心大意。他仔细地琢磨每份简历，经常花几个小时跟应聘者交谈，以搞清楚对方的情况。他觉得自己招聘到的人个个都棒极了。可是结果证明，那些人根本干不好本职工作。其中一人尤为恶劣，他竟然贪污了 9 万美金的提成！汤普森跟我们说：“按照财务规定，销售副总应该拿 1% 的提成，他却耍花招拿了 4%，一下子多出 3 倍。”

公司财务损失惨重，但汤普森本人的损失更大：他错请来的人制造出无数的麻烦，让他根本无法离开办公室。一旦离开，回来后便得花大量时间“救火”。“我是个滑雪迷，以前会跟家人开车去著名滑雪胜地科罗拉多州的韦尔玩。一到那我就后悔了，还不如不去——每天得先忙 4 个小时工作才能上山滑雪。总是有电话，总是要收发邮件，全怪我雇了一群饭桶！老婆和孩子朝我翻白眼，抛下我去滑雪了。”

嘿，你以前听说过这种情形吗？真的，用错“人”会影响整个职业生涯和个人生活。

在斯玛特顾问公司，我们致力于帮助企业聘对人。我们的使命是运用自身专长，帮助 CEO 和投资者提升公司价值。杰夫·斯玛特于 1995 年创立了该公司并担任 CEO。兰迪·斯特里特是合伙人，负责斯玛特高管培训部。我们的客户既有世界 3 000 强企业，也有新兴创业公司；既有华尔街的银行家，也有非营利机构的领导人。从温哥华到悉尼，从米兰到台北，我们的业务遍布全球，并运用本书所传授的方法帮助顾客猎到 1.2 万多名英才。我们还培训出 3 万余名经理人，让他们熟练运用这套方法。

10 多年前，我们同杰夫的父亲布拉德·斯玛特（Brad Smart）一道，率先把“顶级评级”的人才管理哲学运用到招聘当中，发明了该方法。这些年来，我们天天研究这个，可本书并不仅仅是我们自身经验的积累。

为了检测已有的认识并了解更多信息，我们请芝加哥大学商学院的史蒂夫·N. 开普兰博士（Dr. Steven N. Kaplan）率领一组金融奇才，作了该领域有史以来最广泛的统计研究，以发现哪些人可聘哪些人不可聘。

他们花了近 2 年时间，详细分析我们收集的 300 多位 CEO 的招聘资料，希望得到惊人的新发现。更重要的是，我们还跟许多世界上最杰出的领导人交谈，聆听其传授猎取英才的秘诀。在本书中，20 多位亿万富翁（其中多数为白手起家者），不吝分享他们的见解和经验。这些人是当今时代最成功、最具影响力的公司的缔造者，他们的聘人决定往往推动了市场发展。因此，本书是该领域前所未有的智慧结晶。我们还采访过 30 多名市值数十亿美元的大公司的 CEO，听取其想法。还跟其他许多成功的 CEO、经理人、投资者、非营利机构负责人及管理专家谈过。

合计一下，我们共采访了 1 300 多个小时，花大量时间进行分析研究。在该领域，我们不知道还有谁的研究可以与之相媲美，无论是深度、广度，还是真实性。我们主要关注经理人而不是人力资源部，因为聘对帮手对促进个人职业生涯的腾飞至为关键。这正如晨星公司（Morningstar）创始人乔·曼斯威托（Joe Mansueto）所说："经理人能否成功，完全取决于能否聘对身边的人。"

通过海量研究我们发现：在招聘过程中，有 4 个方面最容易出错。不管是雇话务员，还是为操纵 500 亿美元的金融服务机构聘请 CEO，都得同样小心。如果经理人触犯以下任何一条，就会聘错"人"：

- 不清楚一份工作的要求。
- 应聘者寥寥无几。
- 面对一群不分伯仲的候选人，没把握挑出最合适的。
- 说服不了看中的候选人加入团队。

聘错"人"的代价是高昂的。根据我们对客户的研究，公司平均要付出 15 倍于薪水的代价，既有直接支出，又有生产力损失。想想吧，假如一次雇人失误付出的薪酬是 10 万美元，那么公司的实际损失就是 150 万美元，甚至更多。如果你的公司一年犯下 10 桩此类错误，就相当于白白扔了 1 500 万美元！内森·汤普森估计，他早年的聘人失误使得彩虹逻辑公司损失了大约 1 亿美元。

聘错“人”的事例比比皆是。彼得·德鲁克和其他管理大师早就说过：经理人聘对人的概率只有可怜的 50%。想想看，这浪费了多少招聘者和招聘机构的时间和精力啊！多数经理人不知道：招聘失误其实是可以避免的。本书的目的就是帮你解决这头号难题——把英才而非庸才招至麾下。

尝到这方法甜头的 CEO、中层经理人和一线主管们告诉我们：他们从未学过比这更简单、更实用、更有效的聘人方法。掌握它，你本人、公司，甚至整个家庭都会受益无穷。内森·汤普森就是个例了，他尝试了这套办法，结果组建起一支“赢”的队伍，让自己腾出时间畅享假期。下决心成为聘人高手吧，你会工作得更开心，赚到更多钱，并有更多时间享受亲情和友谊！

CHAPTER 1

第1章

你是否饱受聘错人的痛苦折磨？

依靠 A 级人才团队，凭 400 多万美元起家的城堡投资公司，一跃成为管理高达 200 多亿美元资产的世界最著名的对冲基金公司之一。

原 CEO 在任，公司业绩连续 5 年未增长；新 CEO 上任，公司业绩 2 年内上涨了 678%。A 级 CEO 让“铅气球”公司变身“氢气球”公司，A 级招聘法为黑石集团和阿波罗投资公司创造了多大的价值？

THE A METHOD FOR HIRING

WHO

带走我的员工，把工厂留下，不久后工厂就会长满杂草；拿走我的工厂，把我的员工留下，不久后我们还会有个更好的工厂。

——安德鲁·卡内基（Andrew Carnegie）

钢铁大王

聘错人会怎样?

记得电视剧《我爱露西》(*I Love Lucy*)中的一幕吗?露西跟伊赫尔在糖果厂里干活,负责包装巧克力,可他们的动作不够快。为了避免商品“裸体”出厂,他们就抓起巧克力往嘴巴里塞,往衬衫里掖,往任何可以找到的缝隙里放……这时,主管出现了,她向这2位新员工打招呼。看到已经空了的传送带,她对另一个房间的操控人员喊:“加速!”看,问题来了。

你可以花无数时间来优化生产作业线,却并没有触及问题的核心。主管的传送带并没有毛病,是她选用的露西有问题。露西的问题就是“人”的问题。多数“人”的问题并没有这么有趣,甚至会扰乱管理。我们的一位工程师朋友常常感叹:“要是能解决好‘人’的问题,管理其实并不难!”

2006年10月,《经济学人》(*The Economist*)封面文章《寻找英才》(*The Search for Talent*)中说:在当今商界,物色到合适人才是唯一重要的问题。大多数读者对此感到讶异。是的,每位经理人其实都在苦苦寻觅和招揽所需的英才,以推动事业前进。

聘错人的成本到底有多高？

我们都有过这样的体验，也都听说过惨痛的故事：市值数百万美元的上市公司被某个 CEO 活活毁掉；区域经理管理不善使区域竞争力下降；经理助理没法按时完成任务；等等。多数人都亲历过这些，并能再添上好几十条类似经历。

— 精彩案例 —

雇错保姆，孩子竟“裸奔”

我们甚至还聘错过人。数年前，杰夫和妻子雇用了保姆苔米来照看小孩。遗憾的是，杰夫有时候也会昏头，在雇用苔米时，居然忘了运用本书所传授的方法。

不久后的一天，杰夫正在书房给客户打电话，突然看见 2 岁大的女儿正光着屁股跑向马路。他赶忙挂断电话，冲出门外，抓住女儿。真是万幸啊，幸亏联邦快递的车当时没开过来！

杰夫去找苔米，问她究竟是怎么回事。苔米只是说：“嗯，我看不住所有的孩子。”是的，但杰夫跟她说雇她来就是让她看住孩子的。有时候，能否聘对人可决定生死。不用说，杰夫立马着手物色下一位保姆，运用本书所讲的方法找到了更佳人选。

事实上，所有人招聘时都可能会放松警惕。我们知道简历可凭空捏造，大肆吹嘘。然而，我们还是当面接受了对方说自己多么能干。其实尽信其言不如不信，毕竟，摸清底细需要耗费时间，而时间对繁忙的经理人来说可是最紧俏的商品。

乔治·巴克利（George Buckley）跟养父母在英国的谢菲尔德长大，条件很艰苦，住寄宿公寓，上残疾儿童学校。工作后，他一直干到 2 家世界 500 强公司的 CEO，其中一家是 3M 公司，现在依旧在任。这份成长背景让他对简历持有一种适度的怀疑。

跟巴克利会面时，他开门见山，直切正题:“从公司外部聘人是最艰巨的挑战。在此过程中，最常见的问题是没有搞清简历是什么。它是一个人的生涯记录，上面极力粉饰所有的成就，却刻意回避掉所有的失败。”

美国乔丹集团（Jordan Company）的 CEO 杰伊·乔丹（Jay Jordan）告诉我们，有一次他聘了一个人，简历写得没话说，实际能力却不尽如人意。开除此人时，这人要讨个说法，乔丹本不想雪上加霜，但抑制不住，最终脱口而出:“看，我相中的是你的那份简历，但实际工作的却是你本人，真遗憾!”

凯尔文·汤姆森（Kelvin Thompson），海德思哲国际咨询公司（Heidrick & Struggles）的招聘总监，认为董事会“装模作样式”的面试没尽到责任:“他们犯下最严重的错误：同应聘方好吃好喝，轻松聊天，他们说这是招 CEO，我们没法真正地面试他们。所以，董事会从来就没有好好面试过候选人。”

以上是聘错人后的种种痛苦表现，是一些感性的认识。那么，从经济的角度来看，聘错人的成本到底有多高呢？我们可以从以下几个方面准确测算误聘的组织成本：

- 和表现不佳者共事产生的成本。
- 运用常用的招聘技巧替换 B 级或 C 级员工产生的成本。
- 运用 A 级招聘法替换 B 级或 C 级员工产生的成本。

假设你雇用了 10 位长期表现不佳，也没有潜力提高绩效的 B 级、C 级员工。如果雇用他们的平均误聘成本为 50 万美元，那么就很容易算出聘错一位员工将花费 5 万美元（50 万美元除以 10）。根据这一点，我们开始测算。

用 10 位 A 级员工取代被误聘的员工。为了达到目标，如果使用招聘准确率只有 25% 的招聘法，那么每聘到 1 名优秀员工就要误聘 3 个人。所以，你需要招聘 40 个人，误聘 30 个人，才能留下 10 位 A 级员工。而这 30 个被误聘的员工每人将花费你至少 5 万美元，总计将会花费 150 万美元。

如果运用 A 级招聘法，招聘准确率将提升至 90%，即每 10 个员工中有 9 个都是 A 级员工。由于 A 级招聘法将毫不犹豫地替换表现不佳者，剩下的 1 个员工也很快会被 A 级员工取代。在整个招聘过程中，你只需要花费 50 万美元。由此可见，A 级招聘法为你节约了 100 万美元，避免了 67% 的误聘成本。

表 1.1 是我们经过大量访谈积累的误聘成本的数据。这些数据不仅包含 C 级员工的误聘，也包含 B 级员工的误聘。

当你进入一个新的工作环境，发现了表现不佳者，如果你想预

表 1.1　为了获得 90% 的 A 级员工的误聘成本

（单位：万美元）

现有 B 级或 C 级员工的数量（可替代员工数量）	聘到 A 级员工的准确率			
	25%	50%	75%	90%（A 级招聘法）
1 人	130	47	15	5
2 人	260	90	30	10
4 人	530	180	60	20
10 人	1 100	400	100	50
20 人	2 500	860	300	100
40 人	5 300	1 800	600	200
100 人	13 400	4 500	1 500	500

注：误聘平均成本为 50 万美元。

此表中的数据也可用于计算错误招聘和错误晋升产生的成本。

估新环境下 A 级招聘法所花费的成本，请不要将以前遗留下的 B 级、C 级员工的误聘成本计算在内，因为这是前任招聘者遗留下来的。请将那些之前没有被替代的 B 级、C 级员工分开计算，因为你要为他们给公司带来的持续成本负责任。不过，一旦你迅速替换了 B 级、C 级员工，误聘的预估成本将从你的第一次招聘开始计算，或者更具体地讲，是从你第一个误聘的员工开始计算。

如果你觉得以上的计算方法太过烦琐，可以以某岗位基本工资为基准，大致估算误聘成本：

- 主管的误聘成本为该岗位基本工资的 4 倍。
- 销售代表的误聘成本为该岗位基本工资的 6 倍。
- 中层经理的误聘成本为该岗位基本工资的 8 倍。
- 副总裁的误聘成本为该岗位基本工资的 15 倍。
- 高管的误聘成本为该岗位基本工资的 27 倍。

聘错一个人，你将付出以下成本：招聘成本、年薪、保留人员的成本、离职金、浪费或错过的商业机会、毁坏的成本等。总之，无论你的预估多么保守，不选择有 90% 的概率带来 A 级员工的 A 级招聘法，会给你带来不菲的花费以及不必要的麻烦。

下面讲述的技巧会让所有人受益，不管是董事会、负责招聘的经理人，还是想雇用保姆的父母，A 级招聘法能帮助你摸清选手的底细，让你在考察候选人时仍不忘公司的目标和价值观。然而，在这套方法尽展功效之前，你迫切需要摆脱下面这些糟糕的招聘习惯。

十大错误招聘术

样样出色的经理人为何没法为团队招聘到合适人选呢？史蒂夫·克尔 [Steve Kerr，曾为通用电气前 CEO 杰克·韦尔奇（Jack Welch）创建克劳顿韦尔领导力培训中心（Crotonville Leadership Center）的著名管理专家，曾担任高盛集团（Goldman Sachs）的执行总裁和首席学习官 (CLO)] 给出了简简单单的答案:“即便是聪明人，也不能保证聘到合适的人，毕竟不了解对方。如果人们没掌握好的招聘方法，就会觉得招聘过程像妖术那样神秘。”

我们的经验和研究给出同样的答案。在当今时代，人们研究所有其他的管理流程，使之有章可循，但依旧认为聘人这件机构初创时就需要做的事是不可量化的。

经理们喜欢采用自己的办法，即便事实证明那些方法根本无效。花点时间，想想你和你的经理们是如何聘人的？如果你发现自己常常痛恨为何招错人，还要给他们发薪水，我们就有理由怀疑你采用了十大错误招聘术之一:

1. **直觉判断式。**评判艺术品时，用上直觉是没错的。好的艺术评论家在数分钟内就能给予画作精确的评论。然而，在招聘时，若某些人自信善于“识人”，那就很可能被人蒙蔽。造假者会拿假画充真，蒙过来不及细察的买主；十分渴望被聘的人也会“制造”简历，经不起考验便会露馅。聘人时，直觉是最信不过的。如果你因为第一印象好就伸出橄榄枝，事后会后悔不已。

2. **海绵吸取式。**繁忙的经理人常用的办法是让大家一起来面试某一应聘人员。这种“海绵吸取式”做法的目的是最大限度地面试候选人，获取信息。遗憾的是，经理人很少提前协调，结果人人作无关紧要的同样提问。我们见过一次面试：6 名考官坐成一排，询问应聘者的潜水爱好。他们问来问去，时间加起来超过了60 分钟，但话题跟工作全然无关。回答证明，那人确实是个潜水高手，可这有什么用呢？即便录用了他，考官们对此人的最终评价也不过是“他是个不错的小伙子”而已。

3. **审讯式。**许多经理人的做法像电视上的“原告”。他们咄咄逼人，不停提问，试图让应聘者上套或出现逻辑矛盾。下水道孔为何是圆的？最近市场情况如何？我们曾听一位考官问应聘者会不会下象棋，如果答案是“会”，就让他跟公司内一位员工（恰巧是俄罗斯象棋大师）对弈。

最终，这些“圈套式提问”会让最渊博的应聘者也落马，甚至让战胜俄罗斯象棋大师的人也垂头退却。事实上，工作所需的知识和能力同这根本不搭边。

4. 请愿式。一些经理人没有认真地面试应聘者，而是不停地向对方推销这次工作机会。他们更重视打动对方而不是考察其能力。整个面试过程中，他们喋喋不休，无暇倾听。他们也花了不少时间，但没有经过考察就事先设定选手能够胜任该工作，这种做法是错误的。

5. 花招式。考官使用花招来考察应聘者的某些行为。譬如说，他们可能扔一沓纸到地板上，看应聘者会不会捡起来；或者是带对方到派对上，看他怎么跟人交往。使用此法，不久之后你也许会很尴尬地告诉朋友：那个帮忙把纸捡起来、在派对上表现不错的家伙为什么被你开除了。

6. 宠物评判式。许多经理人喜欢固执地拿自家宠物作噱头提问，认为这样可让应聘者泄露某些重要独特的信息。一位经理很拿这当真，告诉我们：他是靠对“你想成为哪种动物”的回答来甄别候选人。“我在找回答巧妙的人。”这种问题跟工作毫无关系，也缺乏科学依据，更无法预测入选者未来的岗位表现。

7. 无谓闲聊式。这种技巧跟“装模作样式”面试颇为相似。对话通常是这样展开的:“你觉得扬基队(美国纽约著名棒球队,已有100余年历史。——译者注)怎么样?每年这个时候天气很恶劣。你在加州长大?我也是!”虽然气氛很融洽,但对作出正确决策毫无益处。你要做的是挑一个可以信赖的未来同事,而不是棒球玩伴。

8. 个性心理评测式。《企业机构心理学手册》(*The Handbook of Industrial/Organizational Psychology*)建议管理者不要用这种办法挑选应聘者,并给出充分理由。问应聘者一大堆试验性的问题,诸如“你喜欢逗弄小动物吗”或“你周五晚上是去鸡尾酒会还是去泡图书馆”是无用的(虽然都是大众心理测验的实际问题),也不能预测未来的职场表现。看穿这些问题的应聘者会根据竞争岗位的性质轻松作假,投考官之所好。

9. 能力评测式。测试可以帮助经理们断定某人是否有工作的天分,譬如说商业拓展人员需要韧劲,但它不该作为唯一标准。在第2章中我们会看到,能力只是众多考量因素之一。如果愿意,你可用这些测试来筛选。

10. 预言式。跟占卜者对着水晶球(在西方文化中,水晶球是占卜预测的工具。——译者注)预测一样,有些考官喜欢让候选人展望所竞聘岗位的未来。他们会进行假设提问:“你会做什么?你将怎么做?你能做到吗?”50 年来对面试方法的学术研究都强烈反对提此类问题。譬如询问:“如果你跟同事起了冲突,你会怎么做呢?”肯定会得到答案:“嗯,我会听取她的想法,找一个‘双赢’解决之道。”答案无懈可击,但究竟有多少人能够做到呢?记住:关键时刻见分晓。

归根结底,所有这些错误招聘术都认为评价他人是轻而易举的事。只要使出正确的招聘术,提出恰当的问题,并按照散落鸡骨头的指引(在西方文化中,鸡骨头是巫婆用于预测、指引方向的工具,此处代表本身就不正确的评判标准。——译者注),你就能够聘到英才了!真的吗?错!除此之外,我们还很容易掉进自我设定的陷阱中:想迅速决定,以便展开工作;轻易认为应聘者值得信赖;等等。我们希望如此,但一个惨痛的事实是:识人,识面,难识心!

聘用 A 级候选人的价值有多大?

好在有一条清晰正确之路能带你走出这聘人迷阵。制定高标准,找到 A 级候选人。除非你不想做好,否则永远不要让 B 级和 C 级员工充斥团队。

因此，千万不要使用那些只会招来二流人物和替补人员的错误招聘术。

什么是 A 级候选人？首先，他不只是位超级明星。A 级候选人是合适的超级明星，他既可以胜任工作，同时还能融入企业文化。我们这样定义 A 级候选人：他有至少 90% 的希望实现排名在前 10% 的候选人能够实现的成果。

注意该定义中的 2 个数字。我们是说，你要雇用那些至少有 90% 的机会能胜任未来工作的人，让自己一开始就占据高地。不是 50%，而是 90%。现在多花点时间进行考核，未来能帮助你省下大量的时间和金钱。

在定义的后半句，我们设定高要求。如果成果是人人手到擒来的，那么谁还会在乎至少有 90% 的希望实现它呢？你不只是想做好，你想做得很棒。A 级候选人至少有 90% 的机会实现那些只有 10% 的最佳潜在雇员能够做到的东西。

— 精 彩 案 例 —

A 级团队让小公司成长为投资界巨鳄

肯·格里芬（Ken Griffin）亲身验证了聘用 A 级人才的价值。格里芬是城堡投资公司（Citadel）的创始人兼 CEO。

该公司是世界上最著名的对冲基金之一，旗下管理着200多亿美元的资产，每天牵动的交易量超过5亿股（接近全美股权交易量的10%）。

这些都是巨额数字，但城堡投资公司并非一开始就如此强大。1990年，格里芬创立该公司，从家庭、朋友和早期投资人那筹到400多万美元作为种子基金。经营初期，他海量投资技术股，让城堡投资公司区别于同行，又获得丰厚红利。城堡投资公司的长期投资回报在本行业长期领先。

显然，买哪只股票对城堡投资公司的盈利至关重要——此为经营的第一要务。此外，格里芬进行大规模智力投资以推动公司发展，他认为第一要务归根到底是人才问题。

近来，他告诉我们：自己绝大部分的成功，都来自依靠团队里的人才。

聘到A级候选人极为不易，得下定决心去做才行。你必须下大力气深入了解，提出尖锐问题，甚至有时要故意打断候选人的回答。

在为城堡投资公司筛选未来接班人时，格里芬和其他主管采用了斯玛特的流程。有一次，格里芬跟一位简历写得很棒、头上顶着光环的应聘者交谈，了解到此人曾为一位难缠的老板工作。

当被问到如何处理与老板的关系时，应聘者说：“我给所有同事发了一封邮件，揭发老板是个无能的笨蛋。”大错特错！

城堡投资公司严格遵照本书中所传授的方法行事，结果避免了许多重大的招聘错误。在决定录用前，要多进行正确的提问，这会对你有极大的帮助。

A 级招聘法四大步骤

能否聘对人决定你事业的成败。请来 C 级员工，就会永失竞争力；请来 B 级员工，你做得也许还行，但永远别想有突破；请来 A 级人才，无论追求什么，生命都会多姿多彩。

史蒂夫·斯瓦茨曼（Steve Schwarzman），私募股权公司黑石集团（Blackstone Group）的董事长、CEO 兼合伙创始人，说："雇来 A 级人才并非万事大吉，然而它却是发展大型私募股权公司和提升公司价值的首要因素。

"2 年前，我跟得州太平洋集团（Texas Pacific Group）的合伙创始人大卫·邦德曼（David Bonderman）一起思考是什么决定了公司的盈利水平。

"通过详细研究 20 年来的交易数据，我们得出结论——私募股权成功的关键是：①正确地买进；②拥有 A 级管理团队；③正确地卖出。其他都是空谈。

"我们许多家成员公司年进账数十亿美元，重点是做到以下 3 点：①在正确的市场上执行正确的策略；②有 A 级管理团队；③财务纪律严明。A 级总裁跟 B 级总裁创造的收益可有天壤之别。”

如何得到 A 级团队呢? 我们斯玛特公司花费了 13 年的时间，作了大量实地调查，提炼并验证了本书讲述的方法。

这套解决方法被称作“斯玛特 A 级招聘法”或简称为“A 级招聘法”(见图 1.1)。它提供了甄别和聘用 A 级候选人的简单流程，成功率极高。它能帮助你聘对“人”。

图1.1　A级招聘法示意图

你可以把字母“A”的每边和下划线看作整套方法的四大步骤，说明如下:

1. **填制记分卡。**记分卡是一份文件，描述了你到底想要什么样的人来干什么工作。这些并非职位描述，而是一系列成果和能力的描述，以保证良好的业绩。记分卡确认了岗位的A级表现，来明确物色来的人要实现什么目标。

2. **物色。**找到精英人才越来越难，但并非不可能。不要“临时抱佛脚”，未雨绸缪，在有职位空缺之前就系统化地物色人才，以保证需要时有高素质的候选人补位。

3. **选拔。**运用A级招聘法选拔人才需要进行一系列环环相扣的面试，收集有关情况，并对照记分卡作出明智的招聘决定。这些系统化的面试可帮助你摆脱错误招聘术。

4. **说服。**一旦通过选拔确认了团队想要的人，就需要说服对方加盟。正确的说服可保证你不功亏一篑，防止想要招聘的人加入其他团队；它还能保护你免于心碎——在最后一刻失去理想人选。

A级招聘法简单明了，各个层级的人员——不论是CEO还是前台接待都能够理解并运用。

然而，方法简单并不意味着你无须花真功夫就能用好。用好了，它会给你带来巨大的回报。

— 精 彩 案 例 —

A 级 CEO 让“铅气球”公司变身“氢气球”

我们的客户之一黑石集团就试用了这套方法。他们同阿波罗投资公司（Apollo）合作，使用 A 级招聘法换掉一位业绩不佳的成员公司的 CEO。5 年来，该公司经营惨淡，许多投资者都将其戏称为“铅气球”（无法上升）。后来，集团使用 A 级招聘法聘来约翰·泽尔默（John Zillmer）担任联合废品工业公司（Allied Waste）的新 CEO。黑石的副董事长汤姆·希尔（Tom Hill）参与了对泽尔默的招聘。他回顾道：“董事会认为我们别无他法。大家都清楚，我们需要一位跟前任不同的 CEO。他得十分自信，并乐于任用 A 级选手。约翰·泽尔默是我们的理想人选。”

泽尔默到任后，在紧张忙碌的 18 个月内共聘用和提拔了 27 名 A 级人才担任管理工作，聘人成功率高达 90%！ 然后，他跟人力资源部高级副总裁一起，运用 A 级招聘法培训公司所有的经理人。今天，泽尔默希望每位经理人都能够组建和管理好一支全是 A 级人才的队伍。泽尔默告诉我们:“我认为提升公司业绩的最快办法就是提升员工的才干，从最高领导人到部门负责人。这会增强企业活力，提高业绩。"这样做也会提高经济回报。在泽尔默到任的头18个月里，公司市值增长了67%。

拿出一点干劲，多一点付出，你就能够通过自己在公司的影响力运用这些原则。或许你位高权重，甚至能像泽尔默那样在整个公司推行。在阅读中，你会找到一把钥匙，它能帮你打开财富之门，实现更高的个人满意度，提高职场成功率。A级招聘法适合我们。数百家客户用后都觉得很灵验。相信它对你和你公司也同样有效。

从今天起，远离聘错人之痛的折磨吧

鲍勃·桑伯恩的电话在一个小时内响了4次。我们在一起讨论他未来一年的人才计划，但被电话声不停地打断，让一个原本高效的会议泡了汤。"我能说什么呢，"他抱歉地对我们说，"他们需要我。我妻子因为我取消了休假计划而不停抱怨我，但如果没有我，公司一定会垮掉。这真是要命。"

电话是鲍勃的首席财务官（CFO）打来的。我们从鲍勃的语气判断，他并不赞同对方的想法。"不行，这不是我需要你去做的……我们讨论过这个了，杰克……听我说……我们不能那样做……我说过了，不行……"他们通话几分钟后，鲍勃没好气地挂断了电话。

"我真不应该聘用杰克，"鲍勃解释说，"他就是不听我的话。我在一家招聘网站上发现了他的简历，然后觉得他很适合我的公司。

但事实上，他完全没有能力帮我筹钱。他的控制欲太强，而且傲慢自大的性格得罪了很多人。”他摸了摸自己的前额，翻起那双憔悴的眼睛，“我的压力太大，都开始脱发了。”

和很多 CEO 一样，鲍勃饱受招聘之痛的困扰，这是一个错误的方法导致错误的招聘而引起的普遍性灾难。他的团队总体而言是一流的，然而某些高管，比如他的首席财务官根本一无是处，只会给他带来痛苦和焦虑，这是招聘之痛导致的压力和脱发之外的主要后果。

世界上最出色的企业家们，都践行着我们所谓的“斯玛特 A 级招聘法”。他们为岗位设置记分卡、物色最合适的人才、选拔最合适的候选人，并说服最佳人选加入公司。

想想亚当 · 梅约斯，他是一家制造企业的 CEO。首先，亚当在招聘前制作了记分卡，列出了他认为该职位的理想人选应该完成哪些任务。如果你希望 CFO 能够帮你筹钱，那你为什么要招聘一个不能帮你筹钱的 CFO？其次，亚当利用自己的关系网来物色某岗位的潜在候选人。他每天都问自己遇到的人：“你认识的最有才能的人是谁？”然后他就会给那些人打电话并约其见面。最后，他的名单上就有了一大串候选 A 级人才。

随后，亚当会邀请他最看好的候选人来进行最高级别的面试，请他们按照时间顺序回顾他们的职业生涯。在记分卡和消息灵通的人际网的帮助下，他的面试进行得非常顺利。他知道哪些人无论身处何地都将是前 20% 的优秀人才。他果断放弃喜欢把责任推卸给别人的人。最后，他选择了那些曾经被别人重金挖走的人才，而不是那些因为与老板不和而离开公司的人。在招聘的时候，亚当 90% 以上的选择都是正确的。

鲍勃看起来有些不确定。“这不会让我公司里的人难堪吗？”他问，“这种招聘方法不会导致公司有人离职吗？”当然会导致某些人离职，但都是 B 级和 C 级的员工。A 级人才会喜欢这种招聘方法的，因为他们知道，如果团队领导想要打造一个 A 级团队，他们一定会是最后的赢家。毕竟，谁想在一家饱受招聘之痛折磨的公司工作呢？

CHAPTER 2

第2章

记分卡：岗位规划图

一位勇于开拓创新、擅长招揽新订单的销售经理被通用动力公司辞退，仅仅因为他不能解决公司目前最急需解决的问题——消化已有订单？

如果仅凭直觉，第一印象不佳的奥康纳不会被聘用，但他却被A级招聘法的记分卡“看中”了。任职5年后，他果然创下A级佳绩——记分卡真没看走眼。

人才与策略不同，是无法被对手公司轻易效仿的。

——杰克·韦尔奇（Jack Welch）

通用电气董事长

记分卡是你的成功蓝图。它运用对 A 级人才的理论定义列出所需岗位的实际要求。记分卡描述了岗位使命、所需实现成果、工作能力以及对企业文化的适应性。若无建筑设计图在手，你是不会随随便便叫个人来给你建房子的。因此，若缺乏岗位规划图，你也不要随便聘个人来加入团队。

在跟客户初期接触时，我们常常看到：在聘人之前，他们根本不耐烦去搞清自己到底想要什么人！最近我们跟一家全球金融服务机构接洽，对方想聘一名战略规划副总裁。"这个职位到底是干什么的？"我们问负责招聘的主管。他回答道："唔，我们要有一个人协调各个部门，在规定的预算范围内执行计划。我们需要一个综合计划，真的。战略规划副总裁得能够把所有的想法纳入总体计划之中。"主管的上司招聘经理恰好也坐在房间内。听到这，他急忙打断道："不是不是，我们要的不是这个！我们不需要战术计划员，我们要的是有远见的领导者！我们要的人要能够调查市场，协助制定新战略，开发新产品。我们要的人要能够帮助我们赢得竞争。"接下来的 20 分钟内，房间里一片嘈杂，他们在争论战略规划这一职位到底是干什么的。最终，招聘经理说：“我打算录用最出色的应聘者，但我们需要先确定岗位的职责和聘人的标准。”

瞧！招聘最先遭遇的失败就是不清楚到底想让被录用者做什么工作。对此，你可能有点儿模糊的想法。团队成员也会隐约猜测出你想要什么、需要什么。然而，你的模糊想法和他们的隐约猜测很可能不相符。用上记分卡吧，有了它以后，你就会为某一岗位设定出标准。

— 精 彩 案 例 —

即使同一家公司，在不同情况下也需要不同的人

内维尔·伊斯戴尔(Neville Isdell)，可口可乐公司董事长、前任CEO提供了这方面的亲身案例。“没有2种完全相同的情形。在公司发展的不同阶段，你需要不同类型的领导人。我初到可口可乐担任总裁时，需要引进新的人力资源负责人。当时公司一盘散沙，人力资源部最不受重视。我需要一个执行力强的人来改变这种状况。这就意味着我要的人需要具备高情商，精通经营，擅长交往，并能搭起人际桥梁。真是一种情况就需要一种人。”

因为十分清楚当时的需求，伊斯戴尔便任命辛西娅·麦凯

格（Cynthia McCague）担任该职位，她干得很成功，满足了伊斯戴尔对这个职位的成果规划。

记分卡由 3 部分组成：使命、成果和能力。三者合并，描述了岗位的 A 级表现——当事人必须做到什么以及如何做到。这三者把你招聘的人跟公司战略明确地联系起来（见图 2.1）。

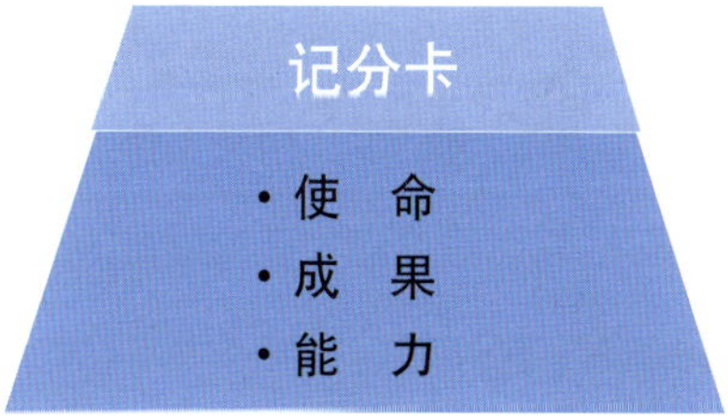

图2.1 记分卡示意图

使命：工作的实质

使命是工作核心目标的执行概要。它归结出工作的实质，让大家明白你为何需要聘请某人。看看表 2.1 所示的记分卡样本，销售副总裁的使命清晰地表明为何需要这个职位：通过直接接触企业客户来增加收益。就是这个！不是去开拓渠道销售，也不是寻找新的上下游合作伙伴，更不是去当管理者。

要想让使命有意义，就必须用平实的语言，千万不能是当今商界常见的冗长辞令。下面这句话可作为反面教材：“此岗位的使命是通过改良 NPC 部核心资产并确保最小沟通缺陷来最大化股东价值。”

这听起来有点夸张，但并不过分。我们敢打赌，你的公司也常常有这样无聊的表述。我们还敢再赌，写这话的人压根儿不知道那份工作究竟要干什么。把这些废话删掉，让使命简短、动人，更重要的是容易理解！

当应聘者、招聘方以及团队的其他成员无须找你确认就知道你想要什么人时，就可以断定职位使命描述写得很成功。前面我们提到的那家金融服务公司，如果岗位使命写得清晰，就不至于出现对战略规划副总裁的工作职责理解不一的情况了。

它可以是类似这样的话：“拿出领导者的远见，分析市场，制定新的战略，提供新的产品服务，帮助银行成功争取到市场份额。”对此，所有商界人士都能够理解。表 2.1 是一个记分卡的样本，从中我们可以非常清楚地了解销售副总裁的工作职责。

寻找领域专家，而不是全能选手

使命陈述会防止你掉入一大常见陷阱：请来“全能运动员”！你觉得他们背景正统，衣着体面，并在诸多领域内成就卓著。他们好像无所不能：能言善辩，领悟力强，并能洞察公司战略，让我们不得不佩服。

表2.1 记分卡样本

销售副总裁的使命

美国可立洁有限公司（CleanMax USA, Inc.）

同企业客户签订大额订单，获取利润，用 3 年时间让公司利润翻番。组建一支业务拓展团队来开发新客户；创建一支业务维护团队来留住老客户。

成　果	评级和评价
截至第 3 年年末，将收入从 2 500 万美元提升到 5 000 万美元（年增长 25%） ◆ 把企业客户数从第 1 年的 4 个提升到第 2 年的 8 个，再提升到第 3 年的 10 个 ◆ 截至第 3 年年末，使零售顾客销售收入占销售总额 75% 的比率降低	
截至第 3 年年末，税前利润率从 9% 提升到 15% ◆ 截至第 1 年年末，将客户订单中占附加销售额 70% 的包装销售利润从 33% 提高到 90%	
截至第 1 年年末，打造出一支顶级销售团队 ◆ 截至第 1 年年末，聘来 1 名外部销售（去外面推销，不坐办公室，自己掌握时间。——译者注）A 级主管 ◆ 截至第 1 年年末，聘来 1 名内部销售（在办公室运用电话、网络等销售，有固定上下班时间。——译者注）A 级主管 ◆ 截至第 1 年年末，清除所有完不成销售目标的销售代表	
提交准确率为 90% 的每月预测报告	
截至第 2 年年末，针对所有一线销售人员，设计并展开培训	

无论给其提出什么挑战、什么任务，他们都能轻松完成！

理论上说，谁不渴望把这种人才收为己用呢？然而，我们跟无数总裁和高管会谈时常常发现：请来这种全能运动员根本不管用！他们确实是通才，魅力四射。他们擅长很多事情，顶着许多头衔，但职位要求无须一个人样样精通。如果你想一开始就把职位定义得清晰明确，那么就应当缩小范围，寻找领域内的专家。

从医疗角度来想：一位家庭医生不错，你常请他来看一般的感冒、咳嗽，找他检测胆固醇水平等，然而当他诊断不出你得了什么病或者病情危及生命时，你会立马找专家，你可不敢让家庭医生给你做开胸手术。同样，你也不该聘来一帮通才帮你解决公司问题。使命，不是帮你找来能指出问题的通才，而是要帮你请到能够解决问题的专家。

— 精 彩 案 例 —

擅长招揽新订单的销售经理为何被辞退？

尼克·查布拉加（Nick Chabraja），通用动力公司（General Dynamics）的 CEO，说：“我认为成功的关键是在合适的时间、合适的岗位上有合适的人，他有能力解决公司存在的问题。”他继续说：“我就犯过错。大家都偏爱全才。你知道，当看到简历上密密麻麻写了那么多才华，你也会禁不住兴奋心动。

“任期早年，我就聘过一位十分能干的经理。他敢于革新，创造力强，是位卓越的商业开拓者。他能开发新产品并成功地销售出去，可这并不是我亟待解决的问题。我们订单高积，需要一位懂经营管理的人。我们的难点在于消化订单。

“所以，我把一位擅长招揽更多订单的人请进来，无异于增加了压力。经营利润率实际上下降了。我花了数年时间才纠正了这一错误。

“这件事启发我另聘新人，他的能力正好可以帮助我们解决难题。新人力挽狂澜,他是个运营天才。原先那位另找买家，在合适的平台上出色地施展了他的才华。”

在洛杉矶私募股权公司格雷斯集团（Gores Group）的创始人、董事长阿雷克·高尔斯（Alec Gores）那里，我们听到了类似说法。过去 20 年，格雷斯的交易额高达 10 多亿美元，成本却只有区区 200 万美元，真是惊人的纪录。跟尼克·查布拉加一样，高尔斯懂得如何启用领域内的专家，而不是四处网罗全能选手。“每项任务、每家公司对 CEO 和管理人员都有不同的要求，”他说道，“我把自己的团队看作一支橄榄球队。在为某一职位物色人选时，我会问自己：此人到岗后将会做什么？他担任四分卫还是中锋？我可不想让四分卫去当中锋或者中后卫！”

关于使命，还有最后一点要提醒：当岗位需要再聘新人时，不要翻出以前的使命陈述来用。在华盛顿特区，所有的环保团体都需要联络国会，此为一大核心工作。但是形势变了，新的领导人出现后，国会的权力发生了转移。新的联络员越能接近国会新人，就越能深入了解情况、争取支持。因此，记分卡需要不断调整，而非一成不变。

亚瑟·洛克（Arthur Rock），英特尔公司的早期投资者，史上最成功的私募股权投资人之一，在谈及对英特尔公司创立初期的看法时，他告诉我们："英特尔公司的招聘目标就是在合适的时间有合适的人（Gordon Moore）是技术专家，安迪·葛洛夫（Andy Grove）是推动者。"

洛克不仅分析了英特尔公司在不同发展阶段的不同需求，还不遗余力地物色了最适合公司当时发展状况的领导者。这 3 任总裁不仅才华横溢，还作出了自己独有的贡献。结果最能说明问题：英特尔公司接连任用"专家"，使公司的股票市值远超 1 000 亿美元，并在全球半导体领域占据大半壁江山。我们希望你也能做到。

成果：任务必达

成果，记分卡的第二部分，描述了一个人在岗位上必须干出什么。多数岗位需要诞生 3 ~ 8 项成果，可按其重要性排序。再回头看看记分卡样本。留心第一项成果是怎么写的："截至第 3 年年末，将收入从 2 500 万美元提升到 5 000 万美元（年增长 25%）。”销售副总裁要么能做到，要么做不到。A 级候选人能够做到，B 级和 C 级候选人则做不到。正因如此，它们从一开始就能吓退某些候选人。

没人想失败，若预先知道成功机会渺茫，就不会换公司、换工作城市甚至换国家了。制定合理的高标准成果，你就会吓跑 B 级和 C 级候选人，同时引来 A 级候选人。他们的技能使他们能胜任艰巨挑战，创下辉煌业绩。人们常用的工作描述没什么用，因为它们写的全是工作活动，或者人员入职后将要做的事情（给客户打电话、推销等）。记分卡则不然，因为它聚焦于成果，或者说一个人必须搞定的事情（比如，截至第 3 年年末，将收入从 2 500 万美元提升至 5 000 万美元）。你能看出二者的区别吗？

销售工作的成果特别清楚，因为可以直截了当地给业务员定死数字目标。你要么卖得到要么卖不到。然而，并非所有的工作都能如此清晰地量化成果。这时，要尽量将成果定得客观、可量化。比如，市场经理的成果可能是：“入职后 180 天内，策划并发起一场新的营销活动。”社区外联员的成果是：“扩大宣传，让不同身份的居民都来参加社区论坛。”

你可以轻松地看到新市场经理有无按时发起活动，也可以数清有多少人去参加社区聚会。考量营销活动和宣传活动要更难，但多年来我们的客户积累了诸多标准，包括顾客反馈、准时提交计划、符合预算等。

有意思的是，有了这些明确的规定，新官一上任就能大施拳脚。他们知道别人将从哪方面评估自己，也知道公司和老板最看重什么。他们无须猜测怎样才能干好，也无须犹豫该从哪方面出击，因为行动策略已经摆在面前。这不是限制人，而是给人发挥的空间。

能力：确保胜任

在记分卡上，能力排在前两个因素之后。使命清晰无误地定义了工作的实质，成果描述了必须完成的任务，能力则规定了你期望新人“如何做”以胜任工作、创造成果。什么能力最为重要呢？为广泛地征询答案，我们邀请芝加哥大学的同事分析我们的数据库，找出何种能力对于 CEO 的成功最为关键。我们还采访了许多企业 CEO 及其他领导人，请他们分享心目中对员工来说最重要的能力。下面就是我们征询到的结果（按其重要性排序）：

A 级人才的关键能力

高效。以最小的投入获取最大的收获。

诚实 / 忠诚。不偷懒违纪。保守秘密，值得信赖。不投机取巧，言谈坦诚、可信。

擅长组织规划。能迅速高效地做好计划、拟定日程、分配预算等。分清事务的轻重缓急。

进攻进取。行动迅捷，姿态强势，但并不显得粗鲁无礼。

兑现承诺。兑现口头和书面的协议，不计较个人投入。

智慧。领悟力高，能轻松迅速地理解和吸收新信息。

善于分析。对资料进行各种定性、定量分析，得出深度结论。具有洞察力，可透过现象看本质。

专注细节。不忽略足以毁掉工作成果的重要细节。

坚韧。有韧劲，有始有终。

积极主动。不需要交代就能够去做，并给公司贡献新想法。

多年来，我们总结出一套能力，在跟新客户介绍 A 级招聘法时向其展示。它除了包括以上讲述的能力，还包括以下能力（排名不分先后）：

能够聘用 A 级候选人（适用于经理人）。寻找、选拔并说服 A 级候选人加入公司。

能够培养人（适用于经理人）。对现有岗位人员进行培训，以提高业绩，并为将来做好准备。

具有灵活性 / 适应性。能够根据实际情况的改变迅速作调整，并良好地应对复杂情况和变化。

抗压能力强。可顶着高压创造出稳定的业绩。

有战略思维和远见。能够鼓舞大家相信美好的未来。通过综合分析当前和未来的趋势，辨清哪里是机会哪里是威胁。

有创造性 / 善于创新。使用新办法和新方案来解决问题。

热情洋溢。热爱工作并充满激情，认为“我能行！”

具有良好的职业道德。愿意努力完成工作，有时甚至主动加班加点。工作向来很勤奋。

高标准要求。期望个人和团队创下最佳业绩。

善于倾听。让别人开口并试图理解他们的观点。

敞开胸怀接受批评和想法。恳请别人提出意见，冷静对待批评和负面反馈。

善于沟通。口头和书面表达（包括写电子邮件）清晰，不冗长烦琐。

富有团队精神。跟同事和主管建立起合作的工作关系。

具有说服力。能够说服他人采取行动。

填写记分卡时，上述能力都需要纳入考虑。这只是初步建议，因为每个岗位都有不同的要求，每份记分卡也要有不同的成果，能力需针对岗位和招聘机构的特点来定。实践中，人们可以殊途同归——方法相异，成果相同。

因此，我们建议你不要让能力要求过于狭隘。比如说，2 家非营利机构领导人的募款方法可能截然不同：一个人富有创造性，擅长直邮营销，通过向潜在捐赠者广发彩色宣传册来筹集善款；另一个人依赖直销，坚韧不拔，直接打电话给潜在捐赠人。总之，办法不是唯一的，能力也不要规定死。

面试过程中，我们对照着记分卡上的能力要求逐项进行检查，但同时我们建议客户根据自身需求加以优化。许多人已经这么做了。1998 年担任亨氏集团（Heinz）总裁的比尔·约翰逊（Bill Johnson）就是其中之一。他说：

> “第一，意气相投对应聘者和公司都很重要。如果我对你没好感，你对我也不友好，那大家还是握手言别吧。跟应聘者缩短距离很重要。我跟他们交谈时，一开始就会这样做。
>
> “第二，承诺。他们对你的承诺和你对他们的承诺。这点很难评估，但十分重要。我喜欢尽心尽责的人。
>
> “第三，他们是可塑之才吗？职业生涯初期，我大大低估了这一点。你可以鼓励他们不断学习、迅速成长。
>
> “第四，他们有没有过于自负，眼高手低？有没有全力以赴解决问题？如果他们满脑子想的全是下一份工作，那可就后患无穷了。他们必须专注于目前的工作。
>
> “第五，他们的才智够用吗？”

约翰逊对能力的要求与我们芝加哥大学同事的研究发现有共通

之处。跟其他行业领导者一样，他看重才智，但并不忽略能力。我们都知道，再聪明的员工，如果自我膨胀、闭耳塞听，也会沦为无能之辈。关键在于，比尔·约翰逊列出了他最看重的员工能力。你也一定要这么做。

关于 A 级管理人才的各项胜任能力，还可细分为 50 项，并按可转化的难易程度分为 3 大类：

> 相对容易改变的：风险承担、引领前沿、教育、经验、组织 / 规划、自我意识 / 反馈、培训 / 发展 / 辅导、授权、团队合作、口头交流、书面交流、第一印象、关注客户、政治敏感、甄选 A 级员工、重新安置 B 级和 C 级员工、目标设定、绩效管理、多样性、主持会议。
>
> 很难改变但可以转变的：判断 / 决策、战略能力、实用主义、良好的履历、足智多谋 / 首创精神、追求卓越、引领变革、冲突管理、兼顾需求、独立性、管理压力、适应能力、第一印象、倾听、平衡、谈判技巧、说服力、团队建设。
>
> 难以改变的：智力、分析能力、创造力、诚信、独断力、远见、鼓励他人、精力 / 动力、热情 / 激情、进取心、韧性。

50 项能力！也许你认为实在太多了。不过，我从多名管理者那里了解到，管理岗位至少需要 50 种技能，而且每一项都很重要。也就是说，如果新聘任者在任何一项中表现平平或者不好，那么就很容易被认为是误聘。

你也许会感叹："当我招聘的时候，我连 5 项都无法跟踪。"不，你可以！在每一次 A 级招聘法研讨会上，几乎每个在场的人都说他们不能，但在第二天的研讨会上，他们都做得很好——他们面试候选人，而且全部评估了这 50 项能力。他们能做到，你一定也能做到。

文化适应性：融入公司

能力有两个层面：一是拥有岗位所需的技能并作出相应行动，二是满足企业文化的整体要求。工作能力需要重视，文化适应性也不容小觑。

为撰写本书，我们采访了许多亿万富翁和企业 CEO，他们中每 3 个人就有 1 个认为：忽略考察文化适应性是聘错人的头号原因之一。不能融入企业文化的人即便再有才干，也做不好工作。

要考察对方的文化适应性，先要了解自身企业的文化。这需要花费时间、精力，但了解后会让企业大为受益，不仅仅是在招聘过程中。请把你的管理团队召集起来，问他们一个简单问题："你会用哪个形容词描述我们的企业文化？"在活动挂图或白板上记下他们的答案。要不了多久，企业文化就能清晰地呈现出来。

近来，我们引导一位新客户这么做。大家互相交流，很快就总结出“善于分析”“快节奏”“灵活随意”这些词。这可能是临时抱佛脚，但很真实，这种真实意味着他们短期内会招聘那些能够适应这些文化的人。长期来看，他们会好好考虑企业文化该怎么发展，并积极朝着那个方向努力。

考察文化适应性就意味着剔除那些不能融入企业文化的人。假如你录用了世界上最伟大的推销员，但此人傲慢无礼，而你的公司强调互相尊重，那就聘错人了。如果他打击了整个团队的士气，自己再能干又有何用？我们见过一家客户“请走”了销售冠军，就因为他爱吵好斗，破坏了公司融洽的氛围。排除他的阴影后，整个团队精诚高效，很快弥补了他离去减少的销售收入。

文化适应性绝对影响公司的收益，但这不仅仅是钱的问题。乔治·汉密尔顿（George Hamilton），非营利机构可持续发展社区协会（Institute for Sustainable Communities）会长，告诉我们一个故事，所有世界 500 强总裁听了都会有所感触。

“我们在某国的职位有空缺，想聘请一名真正的高手。于是，我们请到了这位聪明、热情、超凡出众的家伙，他干得棒极了。凭借一己之力，他说动总统和议员们重视艾滋病问题，并引导他们认识到艾滋病是由不良行为引起的。

“总统和议员们帮他申请到一大笔全球艾滋病防治款项，并设立了强大的预防系统。可是，跟他一起工作很痛苦。我们的文化强调协作而非竞争，但是他智力超群，容忍不了别人愚蠢的想法。在他眼里，可持续发展社区协会中 99% 的人都是笨蛋！

“我找他推心置腹地交谈，赞扬了他的工作，但告诉他他得合群。他回答：‘是的，乔治，我太挑剔。’然后，他进行了一番精准的自我批评，特别能道出我的心声。再接着，他指责我们对他缺乏支持。这意见很中肯，我们为此专门制订了工作计划以便改进。但最终计划根本行不通。他的方法惹人厌，大家一点儿不配合。我不得不请他走。”

— 精 彩 案 例 —

失败的“CEO 移植”引发的团队“斥力”

亚伦·肯尼迪（Aaron Kennedy），爱面公司（Noodles & Company，经营平价连锁餐厅，在北美有 225 家分店）的创始人、董事长，讲述了类似的经历。他聘请的首任 CEO 不适应企业文化，结果造成巨额损失。“几年前，我从一家大公司聘来一名 CEO。公司价值观强调尊重员工，提高质量，改善服务。向员工清晰传递要快速行动、开拓进取的文化，并抱着许多期许。对这次‘CEO 移植’，我还没有考虑清楚双方在理念上的不同，就直接开展工作了。”最终，肯尼迪选拔的新 CEO 让员工们很不满，公司的财务收入也急剧下滑。

“时间一长,董事会也看出了端倪。我们想一探究竟。一天,管理层会议结束后,我撞上分管运营的副总裁,他抱怨道:‘浪费了我4个小时的生命,我再也不来开会了。’

“我问他到底怎么回事,他简单回答:‘我们刚花了整整4个钟头开管理层会议,但是没有作出或听到一项决定。散会时大家都迷迷糊糊的,不知道该朝哪方面做、该做什么,或者什么时候能够作决定。没解决任何问题呀!’这番话,对于我这样一个崇尚行动导向的人来说,无疑是当头一棒。

“公司的士气和盈利都一落千丈。当时的一位领导,也是我的老友想挖出祸害根源,便走进我的办公室,关上门,说:‘情况相当糟糕。你应该见见领导层的其他几位成员,问问他们做得怎么样。我想,你会听到他们说非常郁闷,甚至在盘算着要不要换工作。’

“人人都告诉我,他们对公司的做法很困扰,都害怕来上班。还说爱面公司已经不是他们喜欢的地方了,而变得像颗恶性肿瘤,每天吞噬掉一点生命。”

鉴于此,肯尼迪迅速换掉那位破坏企业文化的CEO,对方也坦言,他干不好这份工作。肯尼迪跟我们说:“也许是我的错,也许是他的错。但我的感觉是大家合不来,从一开始就不合拍。这就像心脏捐赠和心脏移植,必须彼此适应,否则受赠者的身体会排斥新器官。我的公司发生的事情跟这一样。”

肯尼迪另聘了一位CEO。这次,他在选择继任者时特别注意考察文化适应性因素。用肯尼迪的话说，新任总裁凯文·瑞迪（Kevin Reddy）用事实证明：“他正是我们需要的人，他与我们公司的价值观非常契合，他的职业能力带领公司踏上一个新台阶。”

你想培育何种企业文化呢？也许，你跟我们的 2 位客户一样，喜欢聘请博士来推动创新。如果是这样，那么在岗位能力要求里你就得加上“高智商”一条。或者你跟亚伦·肯尼迪一样，吃过苦头之后才悟到要重视坦诚沟通和果断决定。如果是这样，那么就把这 2 点列到所有岗位能力要求上，而不仅仅是 CEO 和高管职位。

别怕写下那些浅显、一目了然的东西。聘人失误的一大关键就是忽略了简单的事情。把企业文化和价值观转化成每个岗位需要的能力，就能避免犯不考察应聘者文化适应性（它对企业极其重要）的大错误。

当马克·盖洛格里（Mark Gallogly）和杰弗里·阿伦森（Jeffrey Aronson）于 2007 年联合创立中桥投资有限合伙公司（Centerbridge Partners）时，他们募集了有史以来最高额的收购基金—— 32 亿美元！更令人瞩目的是，他们聘来管理这巨额基金的人 90% 以上都被证明是 A 级选手。这支队伍居然是在创立 1 年内从无到有组建起来的。他们是怎么做到的呢？

中桥投资制定了一套具体的录用标准，既符合公司战略又契合企业文化。如今，盖洛格里表示：“90% 以上的招聘成功率绝非偶然。

我们很清楚自己想要什么样的人。”中桥投资的招聘记分卡上明确地写着：每位专业投资人必须能够赢得客户管理层的信任和尊敬，而不是欺压对方。面对巨大挑战和压力，光靠自身素质去保证并不够。中桥投资没有拐弯抹角：每个岗位的关键能力都具体写明“尊重别人”和“值得信赖”。

运用记分卡，他们发现有一位非常出色的候选人居然粗鲁无礼，跟同事和管理成员摩擦不断。这个人业绩很好，但在上一份工作中，他在跟对方的律师谈判时说了无数次“他妈的”，结果遭到严厉申斥。这正是杰夫·阿伦森需要了解的情况。他告诉我们：“要想招聘成功，就得有规定确保剔除那些不适合的‘高人’。成立第一年，我们作出的一个艰难决定就是不用这位投资奇才，因为他那难缠的个性会毁了我们公司。”

记分卡是保护组织文化的卫士。它于纸上描摹出整个公司的动态经营，并确保你将之与具体招聘岗位联系起来。你应当下大力气填制公司招聘记分卡。

把战略目标分解成成果

记分卡有其妙处。它不仅是招聘文件，还是联系战略计划和实际执行的蓝图。它把你的经营计划分解成各个岗位的成果，并打造团队凝聚力，它统一文化并确保大家看清愿景，是有效的管理武器。

记分卡源自战略。你也许正在运用某种年度计划周期，为次年制订经营计划。自从半个世纪前彼得·德鲁克提出“目标管理”这一术语以来，公司领导者都将之奉若神灵，争相把年度经营计划分解成目标和预算，但是很少有人能够把实现目标成果的任务下放给团队中的个人来完成。

几年以前，在《财富》杂志（*Fortune*）组织的会议上，我们作了主题发言，询问了 200 名与会 CEO：“你们当中有多少人为下面直接汇报工作的经理人制订了书面目标？”只有 10% 的人举手。只有 1/10 的人这么做！如果不定下目标，大家怎么知道该集中精力做什么，或者该花多大力气？你又如何知道大家有没有达到要求？居然没有几个经理人使用书面目标，这真令人吃惊！

记分卡可解决这一难题，不仅能保证你聘到 A 级人才，还能帮助他们做出 A 级成绩。用心对待记分卡，它可帮 CEO 和高管们把战略目标分解成一个个清晰的成果。然后高管就可以把成果填到次一级员工的记分卡上，依次进行。最终，公司的所有人都有自己要完成的战略成果，以及支撑成果实现且适应企业文化的能力。

EMC，一家数据存储器公司，意识到提供良好的服务比光卖数据存储设备更能击败竞争对手，于是把服务定为战略核心。罗杰·马力诺（Roger Marino），EMC 数据存储公司的创始人（“EMC”中的“M”即是“Marino”的首字母）、企业家、白手起家的亿万富翁，执行该战略，让公司全体员工都致力于提供优良服务。

“在 EMC，我们乐于比别人多做一点点，多做一点去服务顾客。”马力诺告诉我们，“有时候，人们觉得他们的产品很好，不愁没顾客。不光是高科技领域，几乎所有行业都存在这种错误的认识。我们 EMC 能够成功，很大原因在于我们的服务质量远远超出竞争对手。为做到这点，我们专门雇用那些有超强客户服务意识的人。”

马力诺不是为了填满空缺而雇人。他招聘是为了强化企业战略和文化：提供更优质的服务。结果最能说明一切。

认真填制和使用记分卡，你能把公司战略分解到实际执行的各个层面。记分卡可以：

- 为新人确定愿景。
- 监督员工慢慢进步。
- 量化年度评估系统。
- 在评估人才的同时考察团队水平。

道格·威廉姆斯（Doug Williams）发现运用记分卡大有裨益。他是爱健康技术公司（iHealth Technologies）的创始人兼 CEO，该公司隶属高盛集团。威廉姆斯运用了我们的招聘方法。

他告诉我们：“花上七八个小时面试应聘者，如果能找到一名合适的人选，这也值得！关键在于合理使用记分卡，它把我们的经营计划跟岗位工作直接联系起来。

“不管你是招聘、提拔，还是管理现有人员，都得有明确的预期。我们采用的方法有条理、有重点，不仅能让你自己成为更好的经理人，还让员工更容易成功。”

“是的，我们都希望员工是全能选手，可是事实上很少有人能达到这个水平，能够做到的又会索取高薪，结果让我们为无须的“特长”付钱。记住：你需要的都是具体技能。

“记分卡迫使经理人作出选择，并始终坚守自己的选择。”威廉姆斯继续说，“用好记分卡不容易，但回报很丰厚。我们的招聘成功率大大提高，并根据任务所需的技能和才华来配备相应的人员。结果，公司和员工实现了双赢。”

— 精 彩 案 例 —

记分卡“选中”了最不被大家看好的候选人

塞威克利学院（Sewickley Academy），匹兹堡市郊一所从学前到 12 年级的私立学校，邀请斯玛特顾问公司帮忙挑选一名新校长。校董事会给该岗位确立的使命为：改进教学课程，加强师资，筹到更多学校经费。因此，最重要的 3 大成果是：①截至第 1 年年末，扩大课程设置，改善课程安排，让学生学全、学好；②在第 1 年内，组建一支 A 级人才至少占90%的教师和领导队伍；③针对目标加强筹款，扭转财政赤字。其他成果是提高技术、提倡多元化、加强危机管理和体育训练等。

董事会认为，有一点能力很必要——得适合他们的文化，并有助于实现上述成果。他们希望这个人职业化、高度自律、关爱他人、公正廉明并具有外交家风范。他们还希望这个人能制定高标准，并要求大家都做到。董事会找到3名候选人，起先看好其中2名有近期教学背景的：一名是位特别热情开朗的教师，另一名是位十分聪明的博士。他们没在意第3名——科里亚·奥康纳（Kolia O'Connor），因为他给人的印象太企业化、太有进攻性。

然而，当对照记分卡对3人的情况作详细比较后，我们发现科里亚·奥康纳其实是最佳人选。他先当教师，后来成为精干的管理人员，组建起强大的师资队伍。他积极进取，十分自律，并且关爱他人。事实上，以前工作过的一所学校高层还把他记入年鉴，因为他成功处理了几位高层父母去世的善后工作。另外2名候选人聪明机智，但并没有太大的成就。

招聘过程中，我们收集的资料向董事会证明：奥康纳最符合记分卡的要求。于是他们聘用他担任挑战极强的校长一职。5年后，奥康纳成功扭转了预算赤字，降低了学费增长速度，筹到了前所未有的数目的捐款，聘请了9名A级人才加入师资队伍，全面修订了课程，甚至增添了汉语课。

学校招聘委员会的主席说：“我们发现，收集每位选手的资料并同记分卡相比较是非常不错的方法，它的确强化了招聘过程。”

有了记分卡这张成功蓝图在手，你就准备好了学习 A 级招聘法的第二步：按“卡”索骥，找到能创下 A 级佳绩的人！

记分卡填制内容和注意事项

1. **使命。**构思 1 ~ 5 句陈述，描绘岗位存在的必要性。比如："客户服务代表的使命是：以礼貌的态度解决客户的问题和投诉。"
2. **成果。**构思 3 ~ 8 项某人做出 A 级成绩必须实现的具体、客观的成果。比如："截至 12 月 31 日，把客户满意度从 7.1 提升到 9.0。评分范围为 1 ~ 10。"
3. **能力。**确认为实现岗位成果所需的行动能力。接着，明确 5 ~ 8 项用于适应企业文化的能力，并把它们写到所有岗位的记分卡上。比如"高效、忠诚、高标准、重视客户服务"等。
4. **确保工作协调一致，清晰传达记分卡内容。**检测记分卡，看符不符合经营计划，并把它跟相关岗位人员的记分卡比照，确保工作安排协调一致。然后向有关各方（如同事、具体招聘人员等）清晰传达记分卡内容。

CHAPTER 3

第3章

物色：在职位空缺前就瞄准新人

凭借“你有适合的人介绍到我公司吗”的寒暄用语，怡安集团CEO 就能聘到曾为布什总统服务的人？

戴蒙实话实说：“我是被花旗银行开除的。”为何摩根大通集团还会聘他为分公司 CEO？

WHO

THE A METHOD FOR HIRING

在任何组织内，最稀有的当然是第一流的人才。

——彼得·德鲁克（Peter F. Drucker）

管理大师

不付出巨大努力，怎能招揽到出色人才？为撰写本书，我们采访了市值数十亿美元的公司的 CEO 们。他们认为招聘新人是一项重要工作，并自封为“首席招聘官”。他们期望所有的经理级部下都能如此看待自身工作。这些成功的管理者们从不把招聘看作“一次性事件”，或者偶尔才做的工作。他们总是在不停地寻找人才，在出现空缺前就瞄准新人。

临时抱佛脚，最多聘到 B 级员工

传统的招聘过程如下：某部门出现职位空缺，经理慌了。他不知道怎么填上这个空缺，于是找人力资源部求助。对方向他索取岗位描述，他翻出旧的岗位描述，复印一份提交给人力资源部。可想而知，3 个月过去了，应聘者寥寥无几，经理有些绝望，催促人力资源部物色更多的人来。最终，人力资源部带了几个候选人来见经理。公司里没人知道这些人的情况，只是用那些错误招聘术去考核，并希望作出正确的决定。几个月后，经理录用了一位底细不清的人。

花点时间，想想这种方法是多么被动！在需要的时候，只能纯粹依赖人才库。可我们知道，人才库经常是静止的。跟远离海岸的潮水坑一样，人才库里很少有活力四射、干劲十足的候选人。事实上，大家都过度依赖这种传统办法物色人才，结果多数人聘到的根本不是自己想要的人。

在工作中，我们最常遇到“我如何物色到 A 级候选人”这样的提问。显然，所有经理人都为找不到答案而烦恼。我们注意到：许多经理人靠登广告来招揽应聘者。但我们的实地采访证实：广告能引来大量简历，但却引不来最合适的人。

如果能够又快又便宜地聘到优秀的人才，人生不是很美好吗？这是大多数雇主的目标。可为什么招聘过程如此漫长而代价如此昂贵呢？为什么即便是顶级经理，有时也会招到随后不得不解雇的人？

很多公司一直干等着，直到一个关键人物离职。于是，你就只能得到一个 B 级员工。在我的顾问生涯中，我发现，即便是经验丰富的经理人也会一遍又一遍地犯同一个错误。他们直到有人离职了才会开始招聘新人，并匆匆敲定人选。

这种方法太迟钝了。在棒球赛中，如果明星投手突然抽筋，不得不离场，教练员立马就会派候选席上的二号投手出场。对于他来说，这根本不是什么大问题。

但大多数企业主都不会像棒球教练一样管理他们的公司。他们没有后备资源，也就是说，如果首席财务官突然离职，他们没有替补人选。结果，为了让企业保持正常运转，他们不得不在匆忙中招聘一个不那么优秀的人。

当然，如果真的养着一批人，以便随时填补公司的空缺职位也不切实际。但你可以打造一个虚拟替补席，一群你可能在未来某个时间点可能会雇用的人。那些人或许有一份现成的工作，但因为你们相互认识又相互尊重，所以，当你的公司出现机会的时候，他或许会感兴趣。

在准备打造你的虚拟替补席时，你需要一个表格，把以下指标项依次列在表格顶部：综合管理、财务、营销、销售、信息技术和人力资源等。在每个指标项下列 10 个虚拟替补人选。尽量和那些人维持好关系，这样一来，当你为了填补公司的空缺职位而给他们打电话的时候，他们才不会感到太惊讶。

同时，记得问公司业绩最好的经理："你认识的最具天赋的人是谁？"然后看看他们推荐的人是否有工作，并亲自和那些 A 级人才见面。或许你不能马上把他们招到麾下，但是当公司有人突然离职的时候，你就不会那么狼狈了。

接触公司外部的人也很重要。其中包括大学教师、自己所在的专业协会、律师、银行家和你认识的每个顶级专业人员。事实上，硅谷最有名的风险投资公司克莱纳·珀金斯公司（Kleiner Perkins）的一名合伙人专门为此召开了行业会议，会议的唯一目的就是打造一支人才虚拟替补席。

建立虚拟替补席的最大优势是，当公司出现职位空缺时，你手头已经有了 10 个高质量候补人选。当然，预先进行人才的初步调查，或许无法一举解决你的招聘难题，但这能让你先于自己的竞争对手吸引到最优秀的人才。

别的办法有委托猎头和招聘调研员，但能否成功在很大程度上取决于替你招聘的人素质的高低。图 3.1 向你展示了一些常见的物色人才的方式。

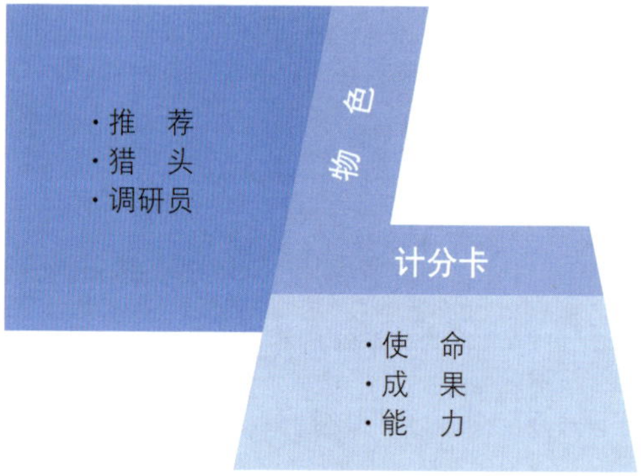

图3.1　物色人才方式示意图

最好的物色办法是从你的人际圈和职业圈中征询推荐。这样做，你可能会心生怯意或觉得浪费时间，但这的确是找到 A 级候选人最快速、最准确、最有效的途径。这方法要求你持之以恒地执行。

通过熟人推荐编织人才网络

我们采访的行业领导者对各种事务的观点并不一致，但谈到利用推荐来物色人才时，他们众口一词表示赞同。在我们没有提醒的情况下，他们中有 77% 的人把征询推荐看作寻找合适人选的最佳办法（见表 3.1）。

表3.1　不同物色人才方式所占比例

物色方式	提倡人数比例
从职业圈推荐	77%
从人际圈推荐	77%
聘请外部猎头	65%
聘请招聘调研员 *	47%
使用内部招聘人员	24%

* 招聘调研员负责通过网络和电话招揽候选人，但并不参加面试

— 精彩案例 —

他是如何聘到曾为布什总统服务过的人才的?

以帕特里克·瑞恩（Patrick Ryan）为例。他 1964 年加入怡安集团（Aon Corporation）。从创业到现在，该公司已经发展成市值 130 亿美元的大公司。“我并不比谁聪明，”他告诉我们，“商界有太多聪明人了。这些年来，我只是做了一件与众不同的事：一直在猎寻杰出人才并把他们请进公司。我给自己定下目标：每年为怡安聘到 30 位人才。我对经理们也提出了同样的要求。我们总是让熟人多给我们介绍他们认识的英才。”

我们不知道有什么办法比瑞恩的方法更简单。他一碰到人就会问:“你认识的人中有没有哪位最有才干，适合到我公司上班?”简单、有力。

英雄惜英雄，被问到的人总是乐意提供一两个名字。瑞恩记下这些名字，每周都会特别选定几个人打电话进行沟通。然后，他跟最有希望加入团队的人保持联系。

多年来，帕特里克·瑞恩一直在征询推荐，亲自参加公司招聘，结果成为一名超级“星探”。他不仅聘到如今领导怡安集团的许多管理者，还为自己请来了继任人。“我总认为聘用高管应该锁定目标，”他说，“我认为该找接班人了。这件事不能耽误。你需要花费很多时间来物色人选。”

瑞恩让董事会设立招聘委员会来进行这一工作，他自己也从熟人里发掘候选人，比如候选人格雷戈里·凯斯（Gregory Case），两人是在麦肯锡咨询公司（McKinsey）初遇的。“当时他只有 42 岁，负责麦肯锡的一个大部门。别人可能觉得他没当过 CEO，没有公司管理经验，但我觉得他能够克服这些困难，因为他不仅聪明勤奋，还具有领导力，富有远见，并善于整合企业文化。更重要的是，他能吸引有才之士。”

候选人的发掘是一个长期的过程。多年来，瑞恩一直通过推荐的方法网罗人才，并跟他们培养关系。凯斯是其中一个。最后，瑞恩成功说服凯斯加入公司，作为继承人，出任怡安公司 CEO 一职。

运用同样的办法，瑞恩聘来了总顾问卡梅伦·芬德利（Cameron Findlay）。他跟芬德利在盛德国际律师事务所（Sidley Austin，全美最大的律师事务所）相遇，当时，芬德利是那里的律师。“在哈佛法学院读书时，他是班里的第一名，学术背景良好，又是成功的律师。他在给乔治·W. 布什总统服务时，我跟他保持了紧密的关系。布什总统首次任期快结束时，我觉得是去见芬德利的时候了。我诚意邀请他加盟怡安集团。我是首位向他伸出橄榄枝的人，他立刻就答应了。”

帕特里克·瑞恩跟其他许多管理者的不同之处是：他积极运用熟人推荐这一方式来编织人才网络，然后追踪高潜力候选人，建立并维护与其的关系。

他不断运用自己的物色网络并时时更新。这样一来，当怡安集团有职位空缺（包括他自己退休）时，根本不需要临时抓人，瑞恩早就坐拥许多出色的备选选手了。

想一想，你肯定能列出自己认识的 10 个最有才的人。给他们打电话，问出帕特里克·瑞恩问的那个简单问题："你认识的人中有没有哪位最有才干，适合到我公司上班？"你就能轻松得到 50 ~ 100 个名字。持续这样做，很快你就能加入许多新圈子，结识有真才实学的储备人才。

光做到这些还不够。广泛调动你工作周边的人一起来物色人才。询问你的顾客，问问他们觉得哪些推销员最有才干；询问商业伙伴，打听哪些人最善于商务拓展；征询供应商，看看哪些采购员做得最出色；加入专业机构，询问那些你在活动中认识的朋友。你会发现：借助每天接触的人，你就能物色到最出色的人才。

该方法可推广到你的个人和社会圈中。当你结识别人时，他可能会问："你是做什么的？"下次你回答这个问题时（根据我们的经验，是在下一两周内），紧跟着加一句："知道我的工作后，你认识的人里有没有特别有才华的，适合加入我公司？"这么做，你就会把普普通通的寒暄过程变成物色人才的好机会。

每个员工都可成为人才“星探”

公司内部推荐跟外部推荐一样有价值，且更具有针对性。毕竟，有谁比员工更了解你公司的需求和文化呢？用这种方法物色人才可以绕过盲目的寻找过程。然而，令人吃惊的是，几乎没有哪位经理人愿意让员工提供这方面的帮助。

赛利姆·巴萝尔（Selim Bassoul），美得彼餐饮设备有限公司（Middleby Corporation）董事长兼 CEO，告诉我们：“员工推荐为公司带来了大量 A 级选手。靠这个，在过去 5 年公司壮大了 1 倍。员工推荐是我们的头号招聘渠道。”他说，“我们告诉员工：‘如果你在顾客、供应商，甚至竞争对手那里发现“像”我们的人，很可能我们会想聘用他们。’这策略收获了巨大成功，我们有 85% 的新雇员都来自员工推荐！”

保罗·都铎·琼斯（Paul Tudor Jones），都铎投资公司（Tudor Investment Corporation）的总裁、创始人，也从现有员工那里获取推荐人选。“英雄识英雄，”他摆出很有说服力的理由，“内部推荐的成功率要比其他方式高 60%。”

在斯玛特顾问公司，我们在物色和录用人才时都重视内部推荐。原则上，得找到 3 名候选人，他们必须先通过 CEO 的电话面试，然后获取被考察录用的资格。在过去的 2 年里，我们 80% 的新雇员都来自员工推荐。

该方法执行时需要高度自觉，我们都应该身体力行。公司不论大小，只要能把内部推荐的要求填进员工记分卡，就可获得同样的收效。试着加上“每年物色____名 A 级选手”等文字，然后给那些完成或超越既定目标者发放奖金或提供其他奖励（如提供假期等）。跟我们一样，很快你就会发现自己的人才储备池不那么干涸了。

然而，内部推荐的最大好处是它可以改变整个企业中员工的心态。员工会变成“星探”，大家开始更加关注公司的“人”，而不只是“事”。为何不这样做呢？最终，公司盈利的多少还要看能否引进最出色的人。让员工通过自己的人际网络帮助公司物色人才，当人才各就其位，大家都会受益无穷。

请各行业精英做你的兼职招聘代表

在西部蛮荒时期（在开拓西部之前，美国西部地区没有法律。——译者注），当联邦司法官准备前往边远地区抓获罪犯时，他会召集一小群在镇上富有威望的公民，委任他们为临时检察官，然后带领大队人马在落日的余晖中奔赴目的地。在随后的时间里，法律的实施得到很大提高，但是“委任”招聘代表——你圈子里最具影响力的人物来扩大搜寻范围依旧是个妙招。

我们了解到，有一家公司根据招聘代表物色来的人员的水平发奖金，最高“悬赏”5 000 美元！还有别的公司会把招聘代表收编为非官方招聘者，并发放礼券、音乐播放器和其他物品来激励这些招聘代表们。

贝尔斯登商业银行（BSMB），纽约一家市值数十亿美元的收购基金，有意扩大其招聘代表网络，为成员机构搜罗人才。约翰·霍华德（John Howard），该公司 CEO，向我们描述："我们有一批人可以随时调动。其中有各领域的高管，所以，我们非常轻松就可以找到某领域的 A 级人才来解决某些突发问题。"霍华德说，他们的激励手段既符合经营特色又具有独创性："如果招聘代表能为公司招揽来优秀的人才，他们不用掏钱也能获得我们公司的基金收益。"贝尔斯登基金的年回报一般至少是 30%，因此，招聘代表们都十分重视霍华德的要求。

许多刚刚建立的公司都成立顾问委员会来行使贝尔斯登招聘代表们的职责。这些顾问既不卷入公司管理，也不肩负重要责任。他们的工作就是提出建议，进行指导。作为回报，公司给他们少量的股份或适当的现金酬劳。

WHI 资本集团（WHI Capital Partners）依托顾问委员会及人际网络为自身及成员机构物色人才。埃里克·科恩（Eric Cohen），公司的任事股东，告诉我们："截至目前，我们聘过 5 位 CEO 和 10 位高管进入成员机构，但没用过一个猎头。我们有好多办法，其中之一就是从可靠的圈子引进人才。

"举例来说，我们跟一家有 200 名 CEO 会员的组织结成伙伴，有时会采纳它的推荐。我们还在成员机构设立强大的招聘委员会和顾问委员会，为公司物色人才。通过广泛的网络搜寻，我们总能找到合适的人才。这跟约会有点儿像。如果在酒吧里，有人随便把你介绍给别人，你俩也许会有发展的可能；但若是朋友或家人向你介绍，成功的概率会更高。”为公司委任招聘代表会创造源源不断的储备人才。但是，你自己也要关注进程，并加强管理。要确保这些招聘代表们定期向你汇报。另外，要注意给出的奖赏够不够分量，要确保繁忙的招聘代表们会积极参与。还要记住：让 A 级选手向你推荐人选。老话说得好：英雄识英雄。

找到深入了解你的招聘需求的猎头

猎头是帮助物色人才的重要渠道，但如果他们不了解公司的内部情况和企业文化，能起到的作用也很有限。找猎头跟找医生或理财顾问差不多，让他们清楚地了解你的情况、难题和需求，才能为你提供有的放矢的帮助。

艾德·埃文斯（Ed Evans）是联合废品工业公司（一家市值 60 亿美元的废品处理公司）的人力资源高级副总裁，他在工作中接触过形形色色的猎头，也体验过各种水平的服务。“你必须把他们当作合作伙伴。给他们足够的信息，这样他们才能真正了解你和你的公司。否则他们只会帮倒忙。”

事实上，好的猎头不搞清这些是不会答应你的委托的。即便接受了，也会敦促你去了解每一位候选人，谈谈看法，以便真正弄清你的需求。他们会引导你熟悉人才市场，就像房地产经纪人带你去看多款房子以鉴别你的口味一样。一开始就要坦诚，给他们看你的记分卡，并用其他方法使外部猎头尽可能多地了解你，这样物色起来更具针对性，也更容易找到合适的人才。

与招聘调研机构合作

猎头公司常常跟招聘调研机构合作，了解人才市场，找到人才资源并为猎头公司提供人才名单。你也可以请调研员帮自己物色。他们不进行面试，只为公司的内部招聘团队或经理提供人选。这样做益处颇多：公司可花最小的成本接触到大量人才；另外，跟调研机构签订协议，还有利于维持招聘成本结构的多样性。坏处就是调研员可能不会像你那样细致地过滤候选人。筛选工作要由内部招聘人员或者招聘经理亲自进行。只重数量而非质量会人为地阻碍招聘进程。我们知道，一家公司如果实在招架不了那么多候选人，不得不要求调研员细心筛掉一部分。人数虽然少了,但人才的质量提高了。

你可以一开始就花点时间引导招聘调研员了解企业文化、经营需求、管理方式和偏好等，由此有针对性地去寻找人才。跟外部猎头不同，调研员不太会跟你紧密合作，但是他们了解得越多，给予你的帮助也就越多。

利用人际网络物色 A 级人才的小技巧

业绩优良的公司懂得要花时间和 A 级人才及其联系人保持联系以获得勤劳的、聪明的 A 级员工。它们的策略包括以下几点：

通过人际网络招聘已制定好岗位计分卡的职位。至少要通过手机、电话簿寻找 A 级员工，并把他们加进自己的人际网络。要求你的团队在他们的人际网络中更新每个人的基本信息。管理者和关键员工要么及时维护并更新网络，要么就牺牲他们的年终奖。要求管理者每个季度和他们的下属讨论人际网络，确保下属的人际网络一直处于随时维护的状态。要求管理者每年至少推荐一位一年后能被证明是 A 级员工的候选人。

付给推荐者奖金。大多数公司都这样做——给予推荐一个年薪 50 000 美元岗位的员工 500 美元奖金，但最近奖金额度上涨了很多。

询问新员工的人际网络清单。询问每一位新员工，请他们列出其人际网络中的 A 级员工和联系人的大致情况，并且定期更新信息。

当你是一个 A 级招聘者的时候，让新聘用的员工去做这件事是很简单的，因为在 A 级招聘面试中，他们给你列出了一些 A 级员工的名字。在 A 级招聘法中，对于最近两份工作，你会请候选人列出他们在职时的上级或下属和他们离任时这些上级或下属的情况。这或许是 20 个人的优缺点。请你的新员工建立一个网络，其中包含这些优秀的员工的简介。

鼓励高绩效者使用社交网络。曾有一位在市值 3 亿美元的公司就职的首席执行官告诉我他是如何招聘管理者的。在他的私人 Facebook 组中有超过 100 位 A 级人才。他首先将岗位计分卡发到这个人际网络组中，然后他们给了他一些推荐，接着他给联系人打电话沟通以获得更多信息。总之，通过人际网络招聘会更好、更快，并且比其他招聘策略更经济。

一位 30 岁的 A 级员工向我展示了他的网络，包括和他一起工作的 A 级员工、他信任的人推荐的“可能的”A 级员工、不同社团的联系人等。在他的网络世界中，随时都有更新的共享信息。他说在他的群组里可能每周有 10 次有关他们升职、完成培训项目诸如此类的更新。对他而言，发送“祝贺”留言是很简单的，如果有人适合为他或者他的上级工作，他可能会打电话给他们。

不要只依靠电子邮件，使用电话、手机以及任何可以即时通信的工具。鼓励使用电话，给人发邮件也不错，使用社交网络更现代。但是我们都知道，直接交流是最有利于建立和保持关系的。

鼓励人际网络，至少一周一次。首席执行官安·德雷克一针见血地指出:“我们整天、每天，都在招聘我们遇到的每一个人。”在她的公司—— DSC 物流，不从人际网络招聘是很丢人的。她的经理从 A 级员工中选择人才；他们询问一起工作过的供应商（通过填空），谁是他们合作过的最优秀的人才。成为人际网络招聘的拉拉队队长。那些把 80% 的时间用于人际网络招聘的团队，都有一个几乎每天都强调使用人际网络的领导：表扬举荐的人，鼓励每人每周花上 1 个小时维持人际网络。

利用精心设计的网页、职业信息和招聘广告吸引 A 级人才。许多公司利用它们的网站卖产品，而不是吸引 A 级人才。其实，这两个目标并不完全冲突。毕竟，A 级人才会访问你的网页，而你只有一次机会给他留下良好的第一印象。

像苹果这样的大企业有巨额的招聘预算去吸引 A 级人才，但是小企业也可以做很多。一些公司通过社区服务建立招聘品牌。随着越来越多的人通过社会媒介判断要不要在一个公司工作，类似“最佳公司”这样的奖项是招聘公司最有力的推荐信。

管理你的物色系统

运用这些久经验证的办法物色人才实在轻而易举。难处不是不知道如何去做，而是缺乏一套系统化的管理办法，并有相关的纪律规定来保证这一办法的实施。

招聘一旦开始，你和招聘团队可能一天到晚都在面试候选人。他们中许多人可以成为某岗位的 A 级人才。如果你再用上猎头和招聘调研员，就会产生更多的人选。你怎么能记住所有这些名字呢？更重要的，如何跟踪他们的情况并建立联系？

我们认识的一位经理人有条不紊地使用索引卡。他在候选人的名字旁简要写下所获信息，如该人配偶的名字、兴趣爱好以及探讨过的话题等。他定期翻看这些卡片，跟卡片上面的人联系。每次对方都感到十分吃惊：他怎么能记住自己这么多情况！

如果你在高科技环境下工作，可以使用电子表格，输入名字、日期等进行检索。我们认识的另一位经理人在电子表格上所有的名字旁边注明跟踪日期，每周都可调出表格进行跟踪。许多大公司购买跟踪软件来查询和过滤职位申请者和候选人。我们不打算向你推荐该买哪家的软件，但需要强调的是：有个好的物色系统会让所有员工都参与到推荐英才、提供信息的过程中来，充实公司的 A 级人才储备数据库。

但是，也别盲目崇信技术。若不系统化地运用软件，世界上再先进的高科技跟踪办法也无法发挥作用。物色过程中，最后且最重要的一步是：每周安排 30 分钟来选拔 A 级候选人并与他们加深关系。选一个固定的时间，比如周一或周五，跟你物色的人才打电话，积极追踪他们的情况。

下面是如何最佳利用这 30 分钟。关上办公室的门或走进会议室，拿出你的 A 级候选人名单，按优先级排序拨打电话，至少要保证跟一个人成功交谈。谈话时间不需要很长。我们经常这样简单地开始："苏推荐我联系您。我知道您做得十分出色。我一直在寻找精英，很希望有机会认识您。即便您对目前的工作很满意，我也希望能介绍一下自己，并听听您的职业兴趣。"多数人被捧得乐陶陶的，很乐于交谈。

做得好，你每年可认识至少40位新人。这是编织杰出人才网的迅捷办法。快打完电话时，假如你对了解到的情况颇为满意，务必问出下面这个关键问题："您对我有一定的了解了，请问您认识的人中哪位最有才干，适合来我公司工作？"

人才需求总是随着经营情况而变动，但凭借简单的系统和相关纪律规定（如上面的简单提问），就可让人才网络成倍膨胀。

— 精彩案例 —

摩根大通为何聘用被花旗银行开除的人？

美国第一银行（Bank One）的董事会成员詹姆斯·克朗（James Crown）和约翰·霍尔（John Hall）在招聘杰米·戴蒙（Jamie Dimon）来领导公司时，用上了所有的办法。此次招聘被认为是近年来最成功的CEO招聘。

1868年，第一银行在俄亥俄州首府哥伦布市创立。20世纪80年代，它疯狂地进行收购。1988年，它以289亿美元拿下第一芝加哥国民银行（First Chicago/NBD），随后搬往芝加哥，想合并2家总部，然而此举并非十分成功。

克朗告诉我们："1999年夏天，我们的信用卡业务部门——第一美国（First USA）出了严重的问题：收入急剧下滑，坏账激增，前景不容乐观。第一美国一直是我们的重要收入来源，这使得我们的处境非常艰难。没人能说清楚形势有多严峻，该怎么办，让谁来负责。形势十分危急。但董事会和高管们却不团结，没法齐心协力。他们对战略、人事和薪酬各持己见。资产负债表眼看飘红，处境愈发艰难。

“董事长兼 CEO 约翰·麦科伊（John McCoy）辞职离开。大家经过协商达成一致：找一名新的 CEO 领导该银行。任命委员会的主席跟我担此重任，1999 年 12 月，开始着手物色新 CEO。招聘委员会先填制基本的记分卡——可填得太‘基本’了。”克朗说，“我们制定了标准，然而过于空泛：经验丰富、管理能力强、熟知调控、擅长处理与股东和众多员工的关系。你可以把这些东西全写出来，但这只是一份‘愿望清单’，你不清楚它究竟是什么意思。”

接下来，第一银行董事会开始寻找猎头，希望猎头能在这种复杂情况下帮助公司找到合适的人选。最终，他们敲定了雷诺仕招聘公司（Russell Reynolds）的安德里亚·雷蒙德（Andrea Redmond）。雷蒙德跟董事会紧密合作，把过分笼统的记分卡细化成一个个可执行的项目。“雷蒙德跟每位董事成员单独谈，然后把所获信息向整个董事会汇报，得到确认。毕竟，谁都不想白费工夫。我们知道，第一银行需要改善金融服务，需要强硬果断型的领导，因为公司内部当时并不团结。”下一步，雷蒙德开始物色人选，并把董事会推荐的人也纳入评估。然后，她把詹姆斯·克朗和任命委员会主席约翰·霍尔也调动起来。

克朗回忆道：“我跟约翰去了很多地方，同许多人交谈，即便当中有些人并不那么感兴趣，我们也保证至少能从对方身上获得一点有益的信息。我们跟候选人探讨两方面问题：①银行的状况以及他认为我们需要什么；②请他们推荐其他候选人，或侧面打听名单上已有的人。”最终，杰米·戴蒙出现了，他生动地回忆起跟克朗和霍尔的首次会面。“吉姆（Jim，James 的略称或昵称。——译者注）体面大方，约翰让人肃然起敬。我跟他们说：‘你们不太了解我。跳槽就跟结婚一样。我会告诉你们我是谁，是什么样的人，如果你们觉得不适合，可以不要我。’”

在跟安德里亚·雷蒙德首次见面时，戴蒙的坦率也让她吃惊。她回忆道：“初见杰米时，我被他的直率吓了一大跳。那一幕我永远也忘不了。压力大时，我脾气相当大。我尽量委婉地说：‘请你告诉我，为何要离开花旗集团？’他回答：‘你知道吗？我是被开除的！’我一下子就愣了。从来没有人这样跟我说过！15 年来，没有一个人这样直率地说过！他们会说，我们在战略上有分歧，等等。我回过神来。我终于找到一位完全坦诚的人。”

在花旗集团，戴蒙一直在桑迪·威尔（Sandy Weill）手下做事。可最后几年，二人冲突渐起，最终导致戴蒙的离职。许多人早就看好戴蒙，把他视作华尔街新星，因此纷纷盛情邀请。戴蒙的直率赢得了雷蒙德、克朗和霍尔的青睐，最终第一银行董事会决定：戴蒙就是 CEO 的最佳人选。

事实一次次地证明了该决定是多么正确！在戴蒙的领导下，第一银行市值翻番，并在 2004 年 7 月跟摩根大通合并。此时，戴蒙出任总裁、首席运营官（COO）兼 CEO。2005 年年底，戴蒙再次成为摩根大通的总裁兼 CEO；次年又被任命为董事长。

这次物色为何如此成功？雷蒙德跟董事会之间的精诚合作是至关重要的因素。另外，霍尔和克朗的付出也不容忽略。“约翰·霍尔把全部时间用于物色人选，”雷蒙德告诉我们，“他见了 8 ~ 12 名候选人，亲力亲为，十分负责。如果你的任命委员会主席也如此上心，肯定也能找到合适的人。”

公司的这份诚意打动了戴蒙，他签约接受了这份极具挑战性的工作。“董事会的人让我觉得我就是他们所需要的人。接受这份工作需要很多信任。董事们亲身参与并表现出灵活性，这让我很受触动，于是决定加盟。”

还有一点也非常重要——我们在整章中都有强调：花点时间

选拔和培训合适的猎头。确保他了解你的需求和文化，同时借机好好向其学习。从各个渠道去物色，包括董事会的人才网络。要始终参与其中，毕竟，是你要用人才。专注和投入会帮助你得到所需的英才。

物色人才的几种方式

1. **从职业圈和人际圈中寻求推荐。**列出你认识的最有才干的 10 个人，在接下来 10 周内，每周至少跟其中一位聊天。每次谈话结束时，别忘了问：“你认识的人中哪些人最有才华？”不断充实自己的英才名单，做到每周至少跟其中一位联系。
2. **员工推荐。**在大家的记分卡上把物色人才列为一项成果。譬如，“每年物色 5 名可通过电话面试的 A 级选手”。鼓励员工问熟人：“你认识的人中有没有哪位最有才华，适合到我们公司工作？”给成功的推荐者发放奖金。
3. **委任代表。**考虑给予公司委任的招聘代表们奖励。小到礼券，大到巨额奖金。
4. **聘用猎头。**使用本书描述的方法鉴别和聘用猎头——专门物色 A 级选手。按招聘需求填制记分卡，并让猎头按“卡”索骥。花些时间，给猎头讲清你的经营情况和企业文化。
5. **聘用调研员。**找到合适的调研机构，跟其签订协议。使用记分卡来明确你的要求。给调研员讲清你的经营情况和企业文化。
6. **形成物色体系。**创造一个体系：①标明你所物色人员的姓名和联系信息；②每周跟踪联系。可用简单的电子表格或复杂的人才追踪系统，将其安排进工作日程。

CHAPTER 4

第 4 章

选拔：四重关卡、层层过滤

一位嘴硬的应聘者对敏感问题一味说“不知道”，扎巴尔如何撬开其嘴巴，并发现他的惊天秘密？

面对自称“因与老板有意见分歧而离职”的销售副总裁，我是怎样让其自动说出“因打了老板，既丢了 300 万美元期权又被炒鱿鱼”的实情？

组织如果拥有一位不可取代的人，则已经犯了管理失败的罪过。

——哈罗德·虎克 (Harold S. Hook)

美国国际集团董事长

史蒂夫·克尔，高盛集团首席学习官 (CLO)、前通用电气培训中心的负责人，认为：一般的面试过程都“胡乱预测”应聘者的未来工作表现。我们的研究也证实了这个说法。

对 4 000 个案例的研究和分析都证明：传统的面试根本无法测试出工作表现！那么面对众多候选人，你该如何选择呢？

我们发现，选拔 A 级人才的最有效途径，就是进行 4 次环环相扣的面试。这些面试能够提供候选人的真实情况，让你知道他跟记分卡上的要求有何差距（见图 4.1）。

图4.1 选拔方式示意图

作为 A 级人才，只有测试的成绩记录符合要求、能力足以胜任所应聘的岗位、认可企业文化并且对工作充满激情，才是各家企业真正需要的人才。

要想成为出色的考官，你必须避免仅凭候选人一次面试的表现就进行被动的评判。这会让你重蹈错误招聘术的覆辙，只根据候选人某一天当中短短数分钟的表现来作出决策真是大错特错。考察时间太短，不足以得出有用的结论。相反，4 次面试可以花时间收集事实证据，弄清候选人过去数十年的工作经历。4 次面试分别为：

- 筛选面试
- 升级面试
- 专项面试
- 咨询证明人

我们按顺序讲述，首先是“筛选面试”。

筛选面试：剔除不合格者

筛选面试通常为简短的电话面试，主要用于清除候选人队伍中的 B 级和 C 级候选人。说实话，我们过去并不怎么重视这一面试过程中的头阵。但是我们的客户不停地反馈，说有些人一开始就该刷掉，真不该后来花那么长时间给他们面试。我们吸取这深刻的教训，从那时起，就投入大量精力去研究如何做好筛选面试，以选拔出最优秀的人才。筛选面试的目的在于：尽快剔除不当人选，为后面的面试节省时间。我们建议你通过电话，在 30 分钟内搞定。若请候选人到办公室来或者进行午餐会谈，则至少会花费你 1 个小时。

筛掉 B 级和 C 级候选人的四大核心问题

运用 A 级招聘法面试时，我们建议系统化地进行筛选面试。这意味着每次筛选时都问同样的问题。这样做既能保持一致性，又能训练你洞悉候选人之间差别的能力。另外，每次进行电话面试时，有现成的问题可问，极为方便。你每次都要重新构思问题吗？没必要费这个劲，下面这个“筛选面试提问指南”可以帮助你解决这个问题：

1. 你的职业目标是什么？
2. 你有何职业专长？
3. 你在职业上不擅长什么，或对什么不感兴趣？
4. 请说出你过去的 5 位老板。如果按 1 ~ 10 分来打分，你认为当我们给你的老板打电话时，他们各会给你打多少分？

在筛选面试中，问出这四大核心问题，会让你获得足够的证据来清除 B 级和 C 级候选人。

你的职业目标是什么？

第一个问题威力无穷，因为你能先听到候选人的目标和热情，而不是一上来就由你发表见解。一开始就讲述公司如何如何，就给了候选人鹦鹉学舌的机会，因此你应当让候选人先说。

理想情况下，候选人的职业目标会恰巧跟公司的需求吻合。如果他缺乏目标或者只是重复你网站上的招聘信息，那就将他剔除出备选名单。你在电话里就能分辨出英才和庸才。英才知道自己想做什么，并且无惧于告诉你他们的目标。

你想听到候选人激情四射地谈论与岗位有关的话题。如果出现错位，就必须敲响警钟。不管此人多有才华、多有能力，如果他想做经理，而你只想招收一名普通小卒，他肯定不乐意。把名单给同事，看公司有没有其他职位适合这位能人。你自己不要再浪费任何时间考虑把他招进原先设定的岗位。

你有何职业专长？

此问题一出，应聘者可都滔滔不绝。人们十分乐意宣扬自己的强项。我们建议你要求选手讲述 8 ～ 12 点，这样你就可以看到其职业能力的全景。要他们举例说明自己的强项是如何发挥作用的。如果他们说自己果断，就要他们举出哪次果断让其获益匪浅。但是请记住：你听取的强项要跟现有的岗位要求有关。如果对方的强项跟你记分卡上的要求相距十万八千里，请毫不犹豫地将此人清除出候选人名单。

你在职业上不擅长什么，或对什么不感兴趣？

第三个问题跟第二个恰恰相反。你可以直接询问对方的弱点，但经常会引致“模板式”或“自我贴金式”的回答，如“我工作时很心急”或“我工作太卖力了”。让候选人自由回答。如果你对答案不满意，敦促他们说出真正的弱点或需要提高之处。如果你听到“模板式”答案，只要说：“我怎么觉得这像优点呢。你真正不擅长什么，或者对什么不感兴趣？”聪明人就会领会，并重新给出回答。

如果你难以套出实话，我们建议你拿证明人来威慑对方。你可以说：“如果你通过这轮面试，我们会要求提供一些证明人——你的老板、同事、下属等，可以吗？”对方会说：“可以。”然后你说：“我想知道，他们觉得你不擅长什么，或对什么缺乏兴趣？”现在，你就会得到诚实的、全面的答案了。想到你会联系证明人去核实，候选人就会讲得更真实、完备。你会很惊讶：在筛选面试中，问出这个问题，耍点小花招，能套出许多实话。

如果你没有了解候选人的 5 ～ 8 项缺点，对什么缺乏兴趣，或不想从事的工作，说明你对此人的了解还远远不够。如果他不愿意多讲，或者缺点全是“明贬实褒”，或者与记分卡要求相左，请把此人剔除出备选名单。

请说出你过去的 5 位老板。如果按 1 ~ 10 分来打分，你认为当我们给你的老板打电话时，他们各会给你打多少分？

请注意提问的语言：“当我们给你的老板打电话时，他们各会给你打多少分？”不是“如果我们给你的老板打电话”，是“当……时”。候选人会想：“唔，我最好还是说实话。如果老板只给我打 4 分，我没法把它说成 10 分。也许我可以说成 5 分，这差不多。”根据我们的经验，雕琢问题对发掘真相至关重要。

要候选人列出每位老板的打分，然后“逼”出问题细节。“你为何觉得老板会给你打 7 分？”候选人会进一步阐释对第二和第三个问题的回答——强项和弱点。这样一来，你就会对他了解得更详细。

你要找的是得 8 分、9 分，甚至 10 分的人。7 分是中等成绩，6 分及以下就是差的了。我们发现，给自己打 6 分或更低的人实际上只能得到 2 分。如果候选人的得分多是 6 分甚至更低，那么就剔除他。可是，要记住：要从候选人的回答中获取真正有用的信息。如果猎头安德里亚·雷蒙德因为杰米·戴蒙说自己是被花旗集团“开除”的就从候选名单中剔除他，那么第一银行将永远失去这位精明强干的领导者。

打电话前，先看看计分卡，刷新自己的记忆。打电话时，先讲清安排，你可以这样说：“我一直盼望与你通话。我是这样打算的：先花 20 分钟了解一下你的情况，然后，你可以提问，我很高兴作答，这样你也可以了解我们。好吗？”候选人们都会同意你的安排。如果他们对工作真的很感兴趣，乐意与你交流，那么你想聊什么他们都会谈。现在，你就可以直接进行筛选面试了。

如果你对听到的不感兴趣，加速提问就能让通话快点结束。通常，如果一开始感觉不好，我们就会在 15 ～ 20 分钟结束谈话。反之，如果你听到某人很符合记分卡要求，可以问他有无更多时间或愿不愿意多谈一会儿。谁都不想在不适合的人身上浪费时间，但真遇到合适的，就恨不得聊久点，了解得更清楚些。

结束电话前，要给对方提问的机会。根据前 20 分钟所了解的，（假如回答令人满意）你可以更好地介绍公司，激起对方的兴趣。反之，你可以言简意赅，几句话把对方打发掉。记住：你是过程掌控者——你可以根据实际情况来决定延长还是压缩时间。

面试后问自己："此人的强项符合记分卡要求吗？他的弱点在可接受范围内吗？根据刚才的了解，我会迫不及待地让此人参与后续面试吗？"如果你觉得他符合要求，那他很有可能就是那个合适的人。如果你有任何犹豫，或你觉得还需要进一步考察，那么，毫不留情地将其剔除。只邀请那些自身情况跟记分卡要求强烈吻合的候选人。

充满好奇："什么""如何""告诉我更多"

筛选面试的问题既好记又好用，这就是 A 级招聘法的妙处之一。可是，如果你只问出 4 大问题，而不进一步追问，那么就没法得到所需的全部答案。

严格地说，你可以追问数千个问题，而不是凭几个固定问题就弄清一切。我们使用一个简单的办法，叫作“充满好奇”。看看它是如何发挥作用的。当候选人回答了4大问题之一后，你对答案产生了好奇，就运用“什么”（“怎么”）、“如何”（“为何”）或“告诉我更多”（“再给我讲讲”）来提问。

用这办法不停问下去，直至对他的情况了然于胸。比如，你刚问完候选人第三个筛选式问题：“你在职业上不擅长什么，或对什么不感兴趣？”对方回答：“我不擅长化解冲突。”事实上，不擅长化解冲突可有各种表现。是这个人面对攻击太软弱？或者是他缩进壳里，永远不会遭到进攻？这时，你就可以使用“什么”“如何”“告诉我更多”来表示好奇。一起来看看谈话将怎样进行吧。

招聘者：“你是什么意思？”

应聘者：“我是说我不喜欢卷进冲突。”

招聘者：“为什么会这样？”

应聘者：“唔，我觉得我不喜欢看人起冲突、生气。”

招聘者：“有什么例子吗？”

应聘者：“以前，我有过两名属下，他们处不来。男同事喜欢朝着女同事大吼大叫。我处理起来很为难。”

招聘者：“你是怎么处理的？”

应聘者：“最后，我把那男的拉到一边，告诉他不许再这样。

他不改，我又把他拉到一边，说：‘再这样我就把你开掉。’”

招聘者：“接下来呢？”

应聘者：“他又这样，屡教不改。”

招聘者：“再给我讲讲。”

应聘者：“这女同事给一家重要客户发错了货，被他逮住臭骂了一顿。我觉得她真可怜。”

招聘者：“你是怎么做的呢？”

应聘者：“我又把他拉到一边，再次威胁不改就开除。”

招聘者：“你感觉如何？”

应聘者：“糟透了。这谈话让我整整失眠一周，思来想去。我觉得自己都要得胃溃疡了。”

招聘者：“接下来怎么样呢？”

应聘者：“啥也没发生。那个男同事自己冷静了下来。一个月后，我调离该部门。真是大幸啊，我再也不用处理这问题了。”

问题就这么简单，很少有超过 7 个字的。只需用上“什么”“如何”“告诉我更多”等表达。它们紧咬候选人起先的回答。摸清这个可怜的家伙之后，你还会聘他担任需要灵活应变的重要管理职位吗？用“什么”“如何”“告诉我更多”来追问，答案会是开放式的。可以问：你是什么意思？那是什么情况？发生了什么事？有什么好例子吗？你扮演了什么角色？你做了什么事？你老板说了什么？结果是什么？还有什么别的吗？你是如何做的？那情形怎么样？你感觉如何？你攒了多少钱？你是如何处理的？

连连追问，这是不可或缺的一步，否则你就会聘错人，影响整个公司。你应该拿“什么”“如何”等去追问，让候选人说个清楚。当你不知道还该问什么时，只需说：“告诉我更多。”我们保证候选人们会说个不停。

当机立断剔除不合格者

筛选面试旨在快速清除“杂草”，这是唯一的目的。前面我们已经讲过，但值得再三提醒。

20 世纪 70 年代热播的电视节目《敲锣秀》（*The Gong Show*，现“真人秀”前身）给出了筛选面试的绝佳范例。选手们展示才艺，争夺当时颇为诱人的旅行机会和奖品。评委们火眼金睛，很快就能发现选手的弱点。一旦发现选手的任何弱点，评委就会站出来，小舞一阵，然后敲击一只大锣。选手连辩解的机会都没有便被轰下台来。观众们一片哄笑，或是抗议评委们的决定。

并不是期期节目都精彩，但快速敲锣却是一种好的筛选方法。太多的经理人举棋不定，不及时筛掉糟糕的候选人，结果犯下错误。有的人会想：“如果我让同事珍妮特、瑞克和夏洛特面试这个人，他们可能会有不同看法。”这看起来好像是民主决定，实际上只不过是在浪费时间。宁愿错过潜在的 A 级人才，也不要在 B 级和 C 级候选人身上浪费时间。

亚当·迈耶斯（Adam Meyers），英国豪迈集团医疗与光电部（Health Optics and Photonics Division of Halma PLC）CEO，用亲身经历教会我们重要一课。“刚开始使用你们的招聘办法时，我跟团队并不重视筛选面试，没有严格地遵守面试规则，结果发现过来面试的人根本就不合适，占用了我们很多时间。”

“早知如此，何必当初。我们浪费了太多时间。”迈耶斯鼓励招聘人员严格筛选。如今，在电话面试中，只有 10% ~ 20% 的人能够进入下一轮面试。“我们的招聘人员不再把时间浪费在不合适的人身上，”迈耶斯说，“这样，他们就能好好面试那些合适的人。这样做效率大大提升了。”剔除 B 级和 C 级候选人后，豪迈集团就能从容地考察 A 级选手。

— 精 彩 案 例 —

有时，直觉也能发现真相

约翰·夏普（John Sharpe）对筛选面试持不同观点。他在四季酒店（Four Seasons Hotels and Resorts）工作了 23 年，近期出任

CEO。他告诉我们:“我认为直觉可以帮你剔除错误人选。但是,要雇谁就不能光靠直觉判断了,你得查他的记录。当大家的简历都很棒,你难以取舍时,如果觉得这个人比较别扭,或者不能完全信任他,那就毫不留情地将其拒之门外。”

夏普告诉我们,有一次,一件极小的事情扼杀了他对一名候选人的全部好感。

“此人应聘公司的一个重要管理职位,跟我不是同一个部门。”他说道,“我跟他乘飞机从多伦多飞往得克萨斯。飞机上,他跟乘务员说自己只有加拿大元,可我明明看到他钱包里有美元。他跟我挤挤眼,用加拿大元买饮料。当时,美元比加拿大元价值高30%,但飞机上的汇率却是1:1。

“我对这种欺骗行径很反感,但公司的其他高管聘用了他。他一入职,就飞扬跋扈地对待一线员工,并违背对他们的承诺。不到两个月,他就被开除了。”

在这件事中,直觉发现了真相,这样的真相在简历上没有,在面试中问不出来,从证明人那里也打听不到。

通过筛选面试,你可以快速地精简候选人数量,便于接下来细细了解。当名单上只剩下2～5个人,就不会有成群的应聘者排队等候了。

升级面试：摸清候选人的职业经历

筛选面试能够分清良莠，但并不能保证达到 90% 的招聘成功率。为了让选拔更准确，你还需要进行升级面试。

在斯玛特 A 级招聘法的选拔步骤中，升级面试很关键。它能让你对选择充满自信，因为它能发掘候选人的职业生涯，让你对照记分卡进行考量。

我们跟杰夫的父亲布拉德·斯玛特，《顶级评级法速查手册》一书的作者、“顶级评级法”商标的持有人之一，一起创造和推广了该面试方法。双方公司在 12 000 多场面试中使用此方法，不停地检测、完善、再检测。布拉德·斯玛特跟我们交谈时，叙说了 30 多年前他如何采用升级面试法。

“我完成博士学业后，跟一群管理心理学家工作了几年，负责公司招聘的面试部分。当时，我刚刚 25 岁，总担心自己的工作经验不足。所以，我就想自己该多问些面试中通常没有的问题。

“有一次，我跟一位资深同事一起当考官。他面试了候选人 1 个小时，然后问我有没有别的想问的。我便开始问他更多的问题，多得要命。在问到他的工作经历时，他讲述了方方面面的成功和失败。后来，资深同事跟我一起看面试记录：他的记录很笼统，而我的记录上有各种事实、故事，可以佐证结论。

“有此良好反馈，我就把自己的方法系统化，推出第一个版本的升级面试法。”布拉德·斯玛特发现：根据对个人情况和行为模式的了解，可以准确预测此人未来的表现。他告诉我们：“了解得越多，你就可以越轻松地发现对方目前的强项和弱点。除此之外，通过升级面试，你还可以神奇地发现候选人发挥优点和弥补弱点的能力。如果对方曾由失败走向成功，那么你对此人的好感会激增。”

了解候选人职业生涯的 6 个问题

贝恩资本公司（Bain Capital）的马特·利文（Matt Levin）这样说：“董事会不花时间去摸清一个人的情况绝对是个错误。人人都有强项和弱点。如果你想提高预测能力，就得搞清他们的经历和行为模式。”所以，执行升级面试法，就是按时间顺序深入地了解一个人的职业生涯。开始时，你可以询问对方的教育情况，对他的背景有个把握。然后，你询问 6 个简单问题，了解他过去 15 年来的每份工作，从最早的一直问到现在。以下是升级面试提问指南：

1. 聘你去是做什么的？
2. 你最骄傲的成就是什么？
3. 做那份工作的低谷是什么？
4. 你老板叫什么名字，怎么拼写？跟他一起工作感觉如何？他将告诉我你的最大强项是什么，又有哪些不足？
5. 如果按 A、B、C 三级来评判的话，你会给曾加入的团队评几级？你为团队带来何种变化？你聘人了吗？你炒人鱿鱼了吗？当你离开时，按 A、B、C 三级评判，你又会给该团队评几级？

6. 你为何终止那份工作？

这 6 个问题很直接，它们引发的交流更像谈话而不是面试。董事会和 CEO 们觉得这办法很妙，用它来面试高管一点儿也没有审问的压迫感。应聘者也轻松，因为这是像是在讲自己的故事。只要有人愿意倾听，每个人都爱讲自己喜欢的话题（他们自身）。这就是收集大量的决策信息点的过程。

聘你去是做什么的？

第一个问题开门见山地询问选手做某一工作的目标。从某方面来说，你是在打探他昔日的记分卡（如果有的话）。他自己可能也说不清，那么就引导其回答如何衡量工作的成功。在脑海里勾画他的记分卡：使命和关键成果是什么？哪些能力最重要？

你最骄傲的成就是什么？

第二个问题会让对方畅谈他职业生涯中的辉煌时刻。此时，你会听到简历上漂亮言辞背后的故事。根据我们的经验，多数候选人会自然而然地讲起当时工作中最重要的、最令他骄傲的事情，而不是重述简历。

如果他们讲述的成就恰巧跟刚才描述的记分卡吻合，那最好；如果还符合你现有岗位记分卡的要求，那就再好不过了。

反过来，如果此人的成就跟你现有岗位的要求不相关，就要提高警惕。A 级候选人喜欢谈论岗位要求的成果，B 级和 C 级候选人则总爱谈论事情、遇到的人、喜欢工作的某一方面等，而提都不提结果的事。

做那份工作的低谷是什么？

一开始，对方可能不愿谈自己工作上的低谷，而是说："我没有遭遇什么低谷。那些年一直很顺畅。是的，真的很顺畅，我没骗你。"这种捍卫可以理解，但是活着的人没有谁能够真正这么说。此处需要特别强调：人人都会遭遇工作上的低谷。

我们建议你换个问法，直至候选人听明白。"到底出了什么事？你犯下的最大错误是什么？哪些事你恨不得从头再来？你不喜欢工作的哪些方面？同事们哪里做得比你好？"别那么轻易放过对方。一直逼问，直至他说出真相。

你跟谁一起共事？

第四个问题是筛选面试中第四个问题的延伸。我们称这个问题的第一部分为"心理威慑法"，即威胁要找证明人验证。升级面试中，提问的措辞和顺序十分重要。为了得到最佳效果，请严格遵循如下顺序提问：

先问候选人的老板姓甚名谁。要他说清该怎么写，并故意当面记下来。“你说是约翰·史密斯？这个史—密—斯，对吗？”不管名字多么普通，逼着候选人说清怎么写，向他强烈地传递：你会给他的老板打电话，所以他最好还是乖乖说实话吧。

接下来，问他跟约翰·史密斯一起工作感觉如何。好的话，你会听到对方给予老板高度褒奖，说多年来从老板那里得到很多指导、受益匪浅等。中立的回答会比较保守，既不赞扬亦不贬低。爱贬低人的候选人会说这个老板是个废物，那个是老板是个蠢蛋，第三个老板是个彻头彻尾的呆瓜。说来奇怪，一些人会完全忘记面对的可能是未来的老板——你！如果你录用此人，他会给你安上什么新绰号？被称作“呆瓜”可能只是你招致的最小灾难。

现在，问问：“史密斯将说你的最强项是什么，又有哪些不足？”一定要用“将说”，而不是“可能说”。这跟刚才说清姓名写法一样细致，你再次表明此问题并非假设，你会公事公办。候选人会立即领悟该跟你说实话，因为你会打电话去询问。

还有一个很棒的法则：坚持互惠。互惠最能引人吐露实情。杰夫有一次跟妻子和孩子经过一家牛仔帽商店。门前，店主正在烤热狗。“吃个热狗吗？”他问杰夫。杰夫停下来，说：“好，谢谢！”“他们也想吃吗？”他又问杰夫，声音很大。“想！”孩子们异口同声地回答。你知道接下来发生了什么吗？杰夫拿到几根免费热狗，但 30 分钟后，全家走出商店，每人头顶一只牛仔帽！这就是互惠原则。

执行心理威慑法时也可应用该原则。刚刚，候选人占用你 2 分钟讲清约翰·史密斯这个人，现在他就欠你 2 分钟，得说说史密斯先生会如何评价自己。人脑总想寻求平衡，当候选人站到史密斯的立场上，就会不自觉地吐露自己的弱点和强项。当然，也不是次次都管用。有些候选人会坚持说不清楚老板将怎么说。我们建议你改变问法，直至套出答案，可这有时需要非凡的耐心。

— 精 彩 案 例 —

心理威慑法：撬开嘴硬的应聘者

斯玛特公司的顾问克里斯琴·扎巴尔（Christian Zabbal）曾接触过一个嘴特硬的应聘者，他真是挑战扎巴尔提问技巧的极限。询问老板将怎么说时，那人说不知道。于是，扎巴尔改变问法：

“你猜老板会怎么说？”

“我不知道。”候选人回答。

“他对你有什么评价？”扎巴尔又问。

“他从来不给我任何评价。”候选人淡淡地回答。

“非正式的呢？碰面时顺便告诉你的？”

“他没有跟我说过任何东西。他很少走出办公室，更甭说给我什么意见了。”

“那么，背着你时，他会跟别人，比如董事会，怎么说你？”扎巴尔都有点黔驴技穷了。

那位候选人停了片刻，说道：“问得好。我跟同事总不清楚他在办公室里到底在干什么，终于忍不住在晚上潜进去装了窃听器。我们窃听了整场谈话。”

扎巴尔很震惊，简直不敢相信自己的耳朵，但他想让这位候选人透露更多。于是他抑制住激动的情绪，板着脸，问道：“那他怎么说你呢？”

剩下的就无须多说。运用心理威慑法，可以发掘出一个人的惊天秘密。

第四个问题的第二部分“你会给曾加入的团队评几级？”很适用于招聘经理人，关键是要弄清应聘者将如何组建强大的队伍。

当他们加入一个新团队时，是接受团队原本的做法，还是发动变革，让团队做得更好？他们会作出何种改变？需要多长时间？另外，也可拿团队去威慑。你可以问：“当我询问贵团队成员时，他们将怎么评价你作为经理的强项和不足？”

你为何终止那份工作？

升级面试的最后一个问题最能洞悉内幕。应聘者在每份工作上有没有晋升、被人挖走或是被老板开除？他们是按职业生涯规划跳槽，还是追逐什么东西？他们自己怎么想？老板对其离去又怎么看？

A 级候选人备受老板珍视，B 级和 C 级候选人则不然。有一点很重要：务必搞清候选人是做得成功但主动离开（如 A 级候选人），还是“掉队”而被老板“请”走（如 B 级或 C 级候选人）。A 级候选人业绩卓越，他们离去时老板黯然不舍。B 级和 C 级候选人业绩不佳，被老板劝退甚至强行驱逐。别接受那种含混的回答：“我跟老板不打交道。”这等于白说。要充满好奇，找出原因，紧咬不放，直至看清到底是怎么回事。

— 精彩案例 —

究竟是“观点分歧”还是“一掌 300 万”？

在替一家公司面试一位前销售副总裁时（新职位将是 CEO），我们真真切切地体验到了最后一个问题的威力。在了解前销售副总裁以前的工作时，我们问道：“你为何终止那份工作？”

他回答道：“我跟老板存在观点分歧。”

这让我们非常好奇。“怎么回事？”我们追问。

他回答道：“唔，事情的导火索是一次董事会。我跟

CEO 都在场。董事会给 CEO 施加巨大的压力，因为我们的销售不达标。”

“差了多少？”我们问道。

“只完成了任务的 75%。董事会很不高兴。他们连珠炮式地质问，让 CEO 有口难辩。最后，CEO 被逼到极限，爆发出来：‘如果下一季度再不达标，我们就换销售副总裁！’那就是炒了我！”

“你怎么反应？”我们问，觉得接下来会有好戏。

“我，”他说道，“我盯着 CEO 的眼睛说：‘你知道吗？你妈给你取名字时真有远见！’”

我们当时很紧张，不知道下一幕将如何。另外，还有成堆问题想问。“他叫什么名字？”我们最终忍不住问。

“唔，他的教名是理查德（Richard），但他常用昵称。”（Richard 的昵称为 Dick，在俚语中指阴茎。——译者注）

我们无法保持冷静。这家伙居然当着董事会的面侮辱他的老板！“然后呢？”我们敦促他继续说。

“董事会认为我是冲动，但理查德不这么认为。他休会 15 分钟，把我叫进办公室，然后把我炒了。”

啊哈！现在我们“套”出来了。但我们的好奇心还是很重。这故事太精彩了，不容错过。“他开除你时，你怎么反应？”

“我说：‘你知道你的问题在哪儿吗？没人给过你教训！’

然后，CEO 说：‘谁会来教训我？是你吗？’”

一丝笑意爬上候选人的面庞，但这是苦笑。在先前的面试中，我们了解到他很怀念高中时在曲棍球队担任点球主罚队员的日子。

“那你是怎么做的？”我们煽风点火。

“我打了他！”

好奇害死猫。（西方谚语，指好奇心很难抵挡。——译者注）我们再也抑制不住了：“你是怎么打他的？说明白点！”

“是朝整张脸掴过去的。我出手很重！”

“然后呢？”我们都坐不住了。

“他以此为由炒了我。我跟老婆说这是‘一掌 300 万’。”

“怎么说？”

“我在公司拥有 300 万美元的期权，但是，打了 CEO 后，唉……呃……就没有啦！”

听到这，我们就没什么再需要多问的了。开始时是“观点分歧”，结果却是“一掌 300 万”！这个例子最惊人的不是故事本身，而是销售副总裁本人，那个打人的家伙，在面试中自爆丑闻。在升级面试中，此类事情时有发生，让人讶异不已。因此，我们早就知道：不要妄下判断，让好奇心帮你发掘出真相。因为你永远都不会完全了解对方的真面目。

进行高效的升级面试

在实践升级面试时，可把一个人的职场故事划分为“章”。每一章是单独的一份工作，或三五年内做的几份工作。比如，我们公司面试过一位有整整 36 页简历的应聘者。此人是音乐影视方面的从业人员，既亲自表演又充当教练。他在简历中列出了所有的工作项目、作品和荣誉。

在面试中，斯玛特的顾问迈克尔·豪根（Michael Haugen）先花 10 分钟跟此人一道分析每阶段从事的工作类型，把简历分成 8 章。这种分法虽不完美，但每章的内容与三五年内做的工作相对接近。

接着，豪根针对每章分别提出上述 5 个问题，从最早的工作开始，一直问到眼下。记住：我们一再强调，顺序很重要。不要使用“倒推法”。先问现在，再问从前，会让候选人思维紊乱。相反，要按时间顺序去梳理整个职业生涯，使其重现。候选人会沉浸进去，告诉你他们的故事，在聆听的过程中，你会感觉到他们的职业画卷在眼前逐渐展开。

通常，升级面试需要花费 3 个小时。为市值数十亿美元的大公司面试 CEO 需花费 5 个小时，面试初级职位则需要 90 分钟。最终时长将由两点来确定：①选手职业生涯的长短；②你划分的章数。这种面试安排会让你双重受益：首先，它鼓励你认真进行筛选面试，这样你就能把大部分时间留给升级面试，考察最佳候选人；其次，你能详细了解候选人的情况，降低招聘失败率。

在升级面试中花费 1 小时，可帮未来节省数百小时，因为你不会聘进 C 级候选人。因此，时间的投入产出比还是很可观的。实践中，你作为招聘经理（招聘 CEO 时是董事会），会忍不住爱上升级面试。你负责招聘，也要承担聘错人的后果。能否招来 A 级人才，决定了你职业生涯是否成功和幸福。当候选人泄露出许多信息点时，你需要当场作出英明决定。

另外，我们还推荐你跟同事（可以是人力资源部员工、团队的其他经理或成员，甚至是前来学习和观摩此方法的人）共同主持升级面试。二人协力会让面试更轻松。一人可以提问，另一人可以作笔记，或者两人每样各做点。不管怎么样，集思广益总比单打独斗好。

开始时，你可以运用下面的开场白：

> 谢谢你今天过来。我们已经说过，会按时间顺序了解你的工作经历。对每份工作，我们会问 5 个核心问题：聘你去是做什么的？你最骄傲的成就是什么？做那份工作的低谷是什么？你跟谁一起共事？你为何终止那份工作？面试结束时，我们会了解你的职业目标和渴望，你也有机会提问。
>
> 面试中，80% 的时间是在这个房间进行。如果双方感觉良好，我们会打电话咨询你提供的证明人，以完成此轮面试。

面试听起来好像很长，但会进行得很快。我需要保证你有机会说全自己的工作经历，因此会掌控整个交谈的节奏。有时候，我们会要你多说些某阶段的工作情况；有时候，又会要你讲下面的。我们会保证留出足够的时间，了解你最近且最相关的工作。对面试过程，你有疑问吗？

预先说明情况会让候选人放松，从容翻开他职业生涯的新篇章。

掌握经典策略

现在，你对升级面试已有了基本了解。数千名经理人学会这套方法后，经常在我们面前感叹：简单的谈话却能套出无数相关的信息。可是，初次演练者还是会遇上难题。我们收集反馈，提供了 5 大经典策略，保证你面试时轻松高效。

经典策略 1：学会打断候选人

你必须打断候选人，这无可避免。否则他会一口气说上 10 个小时，还全是不相干的事。他正兴致勃勃地告诉你在肯塔基州的办公室旁有一座难闻的养猪场，你忍心打断吗？可是，任其滔滔不绝下去才是最不能容忍的。这会让他没有时间去讲工作上最重要的事。所以，话题一旦脱轨，马上拉回来。每 3 ～ 4 分钟你就需要打断一次，对此要做好心理准备。

面试中，打断对方既可以做得很巧妙，也可以很鲁莽。鲁莽的方式是：抬手叫停，口中说："等等，等等。就此打住！我们言归正传好吗？"这暗示候选人言谈不当，让他充满羞愧，不敢多说。这样做之后，你再想让他开口畅谈就难了。

巧妙的方式是保持笑容与兴致，听完一段后予以总结，用不打击人的方式转移话题。你可以说："哇！公司旁边那座养猪场肯定臭气熏天！"候选人会点头赞同，说"是的"并感激你的尊重。然后，你迅速转移话题："你刚才告诉我，要发起那次直邮活动。我想听听是怎么回事？进行得怎么样？"感觉到气氛的不同了吗？"要你闭嘴"会让候选人心灵受创，不愿再透露情况。"我想多了解这个那个"会让气氛融洽，让候选人跳到相关的新话题上。

保持高度融洽可以获得最珍贵的信息，故你要学会"礼貌"地打断。

经典策略 2：运用"3P"法则

如何辨别对方所说成就的大小？运用"3P"法则吧。这 3 个"P"就是跟以前（Previous）比、跟计划（Plan）比、跟同事（Peers）比，可以帮你明确对方的成就到底有多大。你可以这样提问：

1. 你的业绩跟前（Previous）一年相比怎么样？（比如，此人今年实现了 200 万美元的销售额，而前一年只有

15 万美元。）

2. 你的业绩跟计划（Plan）相比怎么样？（比如，此人实现了 200 万美元的销售额，而计划只有 120 万美元。）
3. 你的业绩跟同事（Peers）相比怎么样？（比如，此人实现了 200 万美元的销售额，在 30 名同事中排第一；而第二名只实现了 75 万美元。）

经典策略 3：辨清“排斥力”和“吸引力”

业绩优秀的人经常被好机会吸引走。业绩差的人经常被公司排斥走。若一个人 20% 甚至更多时候都是被排斥离岗的，那么别雇他。根据我们的经验，这个人很有可能是 B 级或 C 级候选人。下面是鉴别方法。问“你为何终止那份工作？”然后，你会听到两类答案：

1. 排斥力。“辞职既有我的原因也有老板的问题。”“我该离开了。”“我跟老板合不来。”“提拔苿迪没提拔我。”“我权力被剥夺了。”“我没完成业绩，位置岌岌可危。”“我狠狠地打了 CEO，结果丢掉了 300 万美元的离职补偿。”
2. 吸引力。“我最大的客户聘请我。”“从前的老板找我回去担任更重要的工作。”“那个 CEO 要给我连升两级。”“以前的同事去了竞争对手那里，向他的老板推荐我。”

经典策略 4：描绘工作细节

若你能在脑海中勾勒出画面，那就表明你理解了候选人的话。泰德·比利里斯（Ted Bililies）——斯玛特公司总经理称此能力为“移情想象”。“移情想象”可帮你跳过无实际意义的一般回答，追问具体细节，从而真正领会其中含义。

韦恩·休伊曾加（Wayne Huizenga，他推动了 6 家公司在纽约证券交易所上市并创办了 3 家世界 500 强企业，在美国前无古人）解释说：“你要学会换位思考。上一份工作中发生了什么？为什么没做成？你必须钻进对方心里，弄明白他们为什么那样处理问题。”

譬如，候选人说她擅长交流。千万别自行理解。要充满好奇，弄个明白。你可能得知：①她擅长起草公文，负责公司的往来函件和市场宣传资料；②她却不擅长言语表达。这两项事实会帮你透过“擅长交流”的表面，洞悉她真正的能力。

经典策略 5：注意对方的肢体语言

亲自主持升级面试有一大优势：你可以通过观察对方的肢体语言来发掘真相。人们在撒谎时都会做出相应的肢体动作。事实证明，最大的玄机存在于你所见与所听的不一致当中。如果某人说“我们做得很好”，屁股却坐不安稳，目光下垂，嘴巴紧闭，这就是喊“停”的信号了。如果发生这样的情况，请把握进程，保持好奇，看看他做得究竟怎么“好”。这可能揭露出他不愿你知道的真相。

除此之外，以下细节也是面试亮起红灯的信号，告诉招聘者可能出问题了。这些信号包括：

- 说话的节奏突然变快或变慢。
- 音调突然变高或变低。
- 音量变大或变小。
- 语速变快或变慢。
- 停顿变得更多、更长或是更少、更短。
- 脸发红。
- 先前回答得比较直接，突然变得拐弯抹角。
- 之前很好的眼神交流突然消失了。
- 面部抽搐、口吃、吮手指，之前没有这些表现。
- 不恰当的幽默。
- 之前比较随意，突然措辞很正式。
- 言行不一，比如在说“在那里工作时我很开心”时皱眉。
- 冷静下来时，大量出汗。

节奏、风格和融洽关系的突然变化是在提醒你：“注意，这里有事发生了。”一定要在你的 A 级招聘法面试指南中记录，然后继续深挖，以得到额外的信息：“你能再多谈谈这个吗？”或者：“然后发生了什么，你能给我一个具体的例子吗？”

如果是在面试初期，不要因为探究得太具有侵略性而破坏和谐的关系。在拥有更多可以帮助你弄明白的信息后，你可以在面试后期再询问这个问题。

此举并不是打探是非，那永远不是升级面试所提倡的。如果你变得像个调查记者，或者八卦专栏作家，就需要认真地纠正做法了。要把自己当成传记作者来采访候选人。你既要了解对方的总体情况，又要知道细节，填充事实，补充资料。如此一来，你的信息完备，就容易作出正确的招聘决定。

专项面试：考察应聘者成果、能力和文化适应性

升级面试覆盖面广，基本上可以帮你确定该聘谁。跟同事协力进行，可收集到大量信息，作出判断。事实上，我们看到好多人只进行了这一次面试便招到了合适的英才。

不过，我们推荐多做一步：专项面试。它是斯玛特 A 级招聘法选拔步骤的第三个关键点。专项面试能帮你获得更多有关候选人的具体信息。实际上你是拿起放大镜进行考察，这样你就会看清“准入选者”是否合适。该面试还让团队其他成员有机会参与招聘过程。

我们觉得这样做极有价值，但要提醒几点：首先，确保同事们知道，这不是再来一次升级面试。其次，要强调人人按规定去做。

否则，一些同事可能用上错误招聘术，得出错误结论。

专项面试与常用的行为面试（面试官要选手举出事例或现场对一些观点进行思考、评价，从而考察选手的某些素质。——译者注）很像，主要差别是它针对的是记分卡上的成果和能力两项，而不是含糊的岗位描述或管理者的直觉。虽然你已经清楚该聘谁，但还是再确认一下：岗位非此人莫属！专项面试就是帮你提高成功率。

跟 A 级招聘法的前几轮面试一样，所提问题都很简单。我们建议你用这些问题引出交谈。得到回答后要充满好奇，用上“什么”“如何”“告诉我更多”等去追问，打破沙锅问到底。以下是常见的专项面试提问指南：

1. 此轮面试的目的是谈论______________（填上具体的成果和能力要求，如开拓新客户的经验、组建和领导团队、制订战略计划、积极进取、持之以恒地行动等）。
2. 职业生涯中，你在这方面的最大成就是什么？
3. 在这方面，你犯下的最大错误和得到的教训是什么？

假设你在招聘销售副总裁。填制的记分卡上有 4 项成果要求：

1. 截至本年度 12 月 31 日，把国内销售额从 500 万美元提升到 600 万美元；在未来 5 年内，每年保持 20% 的增长率。

2. 每年产品组合的毛利率不低于 45%。
3. 升级销售部门，确保至少 90% 的新雇员都是符合记分卡要求的 A 级人才。3 年内，通过招聘和培训，让团队内至少 90% 的雇员都是 A 级人才。鉴别清楚之后，90 天内清除所有 C 级雇员。
4. 制订销售计划，在年度计划周期内报经 CEO 批准。

除此之外，假如你确定还有 6 项素质对胜任岗位极为重要：

1. 积极进取。
2. 坚持不懈。
3. 聘用 A 级人才。
4. 让人各尽其责。
5. 说到做到。
6. 坦诚接受批评和反馈。

尝试安排 3 名团队成员按此记分卡能力要求执行专项面试。第一位负责考察前两项成果和前两项能力，因为它们直接关系到提升销售额和控制管理成本，并促使负责人作出相应行动；第二位负责考察候选人能否实现团队升级，以及有无胜任此职位的两项能力；剩下的交由第三位负责。根据你分配给每位考官的成果和能力考察数目，每次面试应持续 45 分钟至 1 小时。不要怕耗费时间，每位考官都能够帮你收集更多有助于决策的信息（见表 4.1）。

表4.1　升级面试和专项面试日程范例

时间	事项	备注
8:30—8:45	内部会议	开始当天的工作前（或头天下班前），将招聘小组成员召集起来开 15 分钟会议，共同回顾记分卡项目、应聘者简历、筛选面试记录，并给当天每个人分配角色、布置任务
8:45—9:00	面试前准备工作	安排一名成员欢迎应聘者的到来，花几分钟给他们介绍当天的安排，或简单地介绍公司
9:00—12:00	升级面试	由招聘经理和一名同事共同主持，根据应聘者职业生涯的长短，面试将持续 1.5 ~ 3 小时
12:00—13:30	午餐	几名小组成员（最好是不参与面试的）引导应聘者去就餐。我们希望这是非正式便餐，因为全天可都是高压安排。如果你或应聘者时间紧迫，也可以边吃边面试
13:30—16:30	专项面试	由 1 ~ 3 名小组成员依照记分卡上的相应部分进行专项面试（注：一些公司会把专项面试作为第二轮面试，应聘者只有通过了前面的升级面试才有资格参加。这样安排会节省时间，无须再面试未通过者，但需要另外安排一天进行专项面试。其他公司则会在一天内完成所有面试）
16:30—16:45	面试后收尾工作	向应聘者表达感谢，并说明其后的安排，道别

（续表）

时间	事项	备注
16:45—17:30	评估选手	一天的工作结束前，面试小组开会，用 30 分钟到 1 个小时评估记分卡，并根据所收集的信息列出选手的强项和弱点。会议结束时，招聘经理决定哪些人需要打电话咨询证明人，哪些人落选

严格考察文化适应性

专项面试能够考察候选人的文化适应性，许多 CEO 和商界领导人再三强调，这在招聘中不容忽视。一定要确保候选人的能力和成果不但能够满足岗位要求，而且符合公司的整体价值观。

第一太阳能有限公司（First Solar），一家快速发展的太阳能板制造商，发现成功带来了难题——需要引进大量 A 级人才，可是许多招来的英才就位后，根本适应不了公司快节奏的文化！

迈克·阿赫尔恩（Mike Ahearn），第一太阳能有限公司的 CEO，向我们描述了此情况："我们是一家发展迅猛、开拓进取的公司，需要团队成员永不满足现状。我们要永远追求精益求精的领导者。'安全第一，深化客户关系，并以人为本。' 这就是我们所追求的价值观。如果人们不践行这些价值观，就没法适应我们的企业文化。"

卡罗尔·坎贝尔（Carol Campbell），第一太阳能有限公司的人力资源副总裁，又补充了细节："对每位候选人，我们要举行至少一次的'文化适应性'面试。问题都围绕着公司的文化价值观。它跟升级面试互相配合，可确保聘进的人既能胜任工作又能融入文化。”

进行专项面试就能确保万无一失吗？当然不。但在过去几年，第一太阳能有限公司几乎没有聘错过人。该公司上市后股价飙升，远超市场预期。用迈克·阿赫尔恩的话说：“如果没有建立起强有力的团队，就不可能如此成功！”

咨询证明人：检验信息真伪

前三项面试都结束了。你对候选人的考察结果是他既能胜任工作又适应文化。他正是团队所需要的人才！你眼前已出现他替你卖力工作的景象了。你恨不得跳过咨询证明人这个步骤，马上通知录用。

慢着，一定要咨询证明人！你跟同事面试一整天都挖不出的信息，凭借一个电话就能够得到吗？事实证明：能，而且有好多！

罗伯特·赫斯特（Robert Hurst）是高盛集团退休的副董事长，现任高瞻顾问公司（Crestview Advisors，一家私募股权公司）执行董事。他回忆起这样一件事，生动地说明了采取这最后关键一步的重要性。“我们招聘过一名首席财务官（CFO）。她不想让原公司知道她前来应聘，因此我们没能打咨询电话。招聘她可真是一场灾难！她一味地依赖惯例和流程办事，一旦到了复杂的高压环境，就顶不住了。不咨询证明人，你就少了解了 25% 的情况！”赫斯特再也不想被蒙蔽了，从那以后，他几乎都亲自打咨询电话。

事实上，我们采访的商界名流中，64% 的人对所有的招聘职位（而不仅是那些重要职位）都会咨询证明人。遗憾的是，少有经理人这么做。为什么？一方面，候选人左推右挡；另一方面，时间紧，没空去做。许多经理人都省略咨询证明人这个步骤，认为太浪费时间。如果不知道该怎么咨询，那确实是浪费时间，但学会正确地咨询是成功招聘的必要步骤。要想成功咨询证明人，你要做到以下 3 点：

选好证明人。浏览你的升级面试记录，看看跟哪些老板、同事或下属交流。别把候选人给你的名单拿过来就用。

要求候选人联系证明人，为你进行电话预约。一些公司明文规定：禁止员工充当证明人。如果你直接打电话过去，会吃闭门羹，但是，如果你要求候选人替你联系安排，就可以成功对话（可在工作时间内进行，也可下班回家后通话）。

咨询人数要够。如果总共有 7 人要咨询，我们建议你亲自打给 4 位，另外 3 位请同事代劳。7 人可选 3 位老板、2 位同事或客户、2 位下属。

运用 A 级招聘法，我们会询问证明人 5 个简单的问题。以下是“咨询证明人提问指南”：

1. 你跟应聘者是在什么情况下共事的？

2. 此人的强项是什么？

3. 当时，此人最该弥补的不足是什么？

4. 你怎么评价他在那个岗位上的总体表现？请按 1 ~ 10 分来打分。你为什么给他这个分数？

5. 此人提到他做这份工作时，遇到的困难是这个，你能给我讲详细点吗？

这些问题眼熟吗？是的，咨询证明人时的提问形式跟先前面试的提问形式一样，这使你能够很快把证明人说的跟已知的信息进行比较。

第一个问题既能引发谈话，又能勾起回忆。在升级面试中，你其实已经得到答案了，但是你咨询的人可能需要一点时间回忆跟应聘者共事的情景，记起细节。

接下来的两个问题跟筛选面试中的相同。两次都需要问出实例，帮你把强项和弱点落到具体事情上。另外，再强调一遍：保持好奇，运用“什么”“如何”“告诉我更多”来对答案提问。

第三个问题在前面加上“当时”后，变得更有效了：“当时，此人最该弥补的不足是什么？”这两个字让证明人可以放心大胆地谈论应聘者过去的弱点。他们可能觉得这些弱点早已被弥补了，至少，可以安慰自己并没有批评应聘者当前的水平。其实，我们认为，人没那么容易改变。人可不是共同基金，过去的表现不一定预示着将来的表现。

接下来，要证明人按 1 ~ 10 分给候选人打分。打分本身就很有门道。证明人是给他打 10 分，还是低一点，如打 6 分？记住：6 分实际上就是 2 分！另外，这个打分跟应聘者在筛选面试中所说的一致吗？差距很大的话可就需要注意了。打完所有电话，你要聘的人的得分应是 8 分、9 分或 10 分。比这个低就应该提高警惕，再进一步考察。如果其他证明人都给了高分，只有一个人给了 6 分，请不要断然放弃。花点时间弄明白，为何会有如此差距。

提最后一个问题时，你会用到升级面试中用心理威慑法套到的信息。把候选人告诉你的事情编成问题找证明人核实。比如说："他提到您可能认为他不擅组织。您能告诉我详情吗？"

再说一遍：措辞马虎不得。"您可能认为"会让证明人觉得：候选人主动坦白，所以自己可以放心谈论。你会听到这样的话："哦，他跟你说过这个？他确实是不擅组织，老分不清轻重缓急。我记得有一次……"升级面试能够套出一部分负面信息，引出更多细节。

— 精彩案例 —

是"不愿意分享信息"还是"背后放冷箭"？

我们曾帮一个董事会确定要不要聘一位 CEO。在面试中，该 CEO 承认："你可能听到以前的同事抱怨我不愿意分享信息。

可我们是一家上市公司，我总不能把所有情况都披露给大家吧？”在向他过去的下属寻求证明时，我们挑起话题，说：“那位 CEO 提到员工可能牢骚满腹，嫌他不乐意分享信息。你能告诉我们是怎么回事吗？”那位下属道：“他说了吗？不是这么回事。那个骗子从来不当面指出人的错误，就爱在背后一个劲地朝你放冷箭！他对大家都这样，耗尽了我们对他的信任。有 3 个最好的同事离开，就是这个原因。”

瞧，彩虹下总能挖出黄金来！（西方人认为彩虹的末端藏有一罐黄金。此处指仔细打听，总能挖出信息。——译者注）因此，务必咨询证明人。毕竟，谁想请来那些满口谎言、吓跑人才的灾星呢？

不要想当然地接受候选人提供的证明人

乔丹集团的杰伊·乔丹根据招聘 CEO 的亲身经历给出建议：“了解 CEO 的最佳方法不是跟他的老板谈，而是从其下属那儿打听。你会得到更多诚实的答案。如果你想了解一支橄榄球队，最不该问的人就是它的主教练。别相信教练，跟队员、训练员和经理们谈。”

通过自己的圈子打听，可得到客观、公正的信息。专业投资人广泛采用该办法，高管也开始频繁采用此方法。

联合废品工业公司的约翰·泽尔默就是其中一员：“从熟人那里打听候选人情况是非常好的方法，你不能只凭候选人提供的证明人对他的评价就作出判断。”可是注意，有些国家（如加拿大）的劳动法规定：不经候选人同意，不得进行此类咨询。

第一银行的詹姆斯·克朗在评估杰米·戴蒙时，就通过熟人圈子作了广泛打听。“他最近被花旗集团的桑迪·韦尔开除了。我在所罗门兄弟公司（Salomon Brothers）工作过，它属于花旗集团，那里有人跟杰米共事过。我认识的人同杰米和桑迪·韦尔都很熟，所以能打听出更多情况。

“我们跟他的老板、下属和同事都谈过，了解到杰米做事高效、对人严苛。他不喜欢跟笨人一起工作，也不擅长办公室斗争，这从他跟桑迪的那场办公室战争就能看得出来。

“咨询一些人后，我们才了解到他坚持正确行事，保持客观。我们公司当时办公室政治盛行，同事之间钩心斗角。显然，杰米可不能容忍这些，他正是我们所需要的人才。”

在前一章我们谈到，这次聘任工作几近完美，很大程度上就在于他们咨询了一线的证明人。你也要这么做。

听懂弦外之音，寻找蛛丝马迹

最大的难题不是找不到证明人。运用前文所述策略，你会清除绝大部分障碍。但说跟听是两码事。我们采访的行业精英中，超过一半的人都说：如果不擅长琢磨弦外之音，那打咨询电话基本无用。

埃济沃特基金公司（Edgewater Funds）的詹姆斯·戈登（James

Gordon）就有过亲身体验："有几次，我们打电话向证明人咨询，得到的全是不错的评价。可是当向与应聘者共事过的熟人打听时，听到的却是批评的声音。"

人们为何要假意夸奖别人呢？归根结底是人性。人们不喜欢给予负面评论，他们想当老好人。同样，他们也想保持良好的自我感觉，不愿做棘手的事。因此，罗伯特·赫斯特说："人们不想说别人坏话。"四季酒店的约翰·夏普对此表示赞同："没人愿意在你面前说别人坏话，这给确认应聘者的工作情况增加很多困难。当他们觉得某人确实不错时，会忍不住大加赞扬。"

最佳解决途径是关注证明人"说什么"和"怎么说"。当证明人觉得某人不好时，会不自觉地泄露出来，只要稍加留意就能听出其中奥秘。鉴于很快就要作出聘用决定，此时，再机敏的人也可能会大意，忽略可疑的迹象。

斯泰茜·舒斯特曼（Stacy Schusterman），力士投资公司（Samson Investment Company）的 CEO，告诉我们她因为没听懂"话中话"，结果犯下重大的聘人错误。"我在招聘一名 CEO，向证明人打听此人的情况，对方说：'如果你想聘用一个喜欢发表个人见解的人，那就聘他吧。'后来，我意识到他是想告诉我此人总爱跟人对着干，制造麻烦。我当时应该听得更仔细些，再追问几句。"

如果你跟斯泰茜·舒斯特曼一样，听到了"如果……那……"式回答，就可以确定证明人话里有话。此时，要带着好奇心追问到底。

“唔”“呃”是另一种话语隐藏。罗伯特·赫斯特称之为“证明人不确定到底该不该说出真相”。当你问“某某人做得怎么样”时，是想立刻听到对方的夸赞，而不是“唔”“呃”或吞吞吐吐的回答。证明人吞吞吐吐，显然是在隐藏真相，以免你对候选人的印象大打折扣。这时要继续保持怀疑：证明人不愿说什么？他犹犹豫豫必定有原因（工作关系很复杂），你如果不问，就永远被蒙在鼓里。

冷漠和勉强称赞也表示应聘者能力欠佳。杰夫·阿伦森，中桥投资的执行负责人，认为：“证明人夸得勉强还不如不夸。”我们对此表示赞同。缺乏热情是个坏信号，勉强的夸奖并不代表证明人认可候选人的表现。中立、不耐烦和勉强的夸奖都说明证明人并不真心推荐这名候选人。相比之下，真正的夸赞应该是语气里充满热情并且饱含钦佩。证明人回答时不会有任何犹豫吞吐。他激动和兴奋的语气都清晰表明：咱们谈论的人就是 A 级候选人！

决定：你到底该聘谁？

现在，经过筛选面试、升级面试、专项面试、咨询证明人几大步骤，你已经搜集了足够的关于候选人的信息。那么，你到底该聘谁呢？

“技能—意愿”牛眼图

执行 A 级招聘法“选拔”步骤的目的是：收集用于作决定的事实，

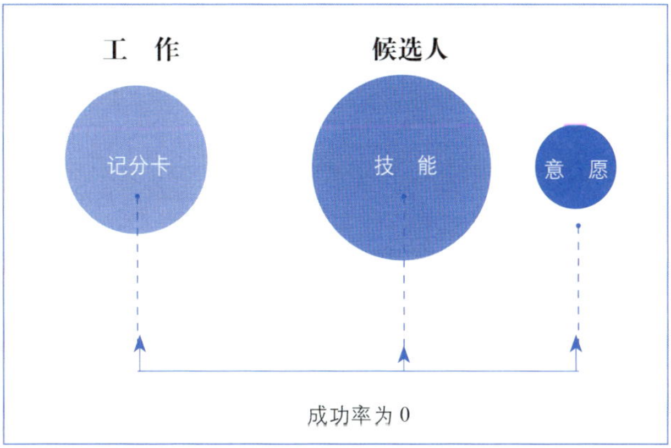

图4.2 C级候选人“技能—意愿”牛眼图

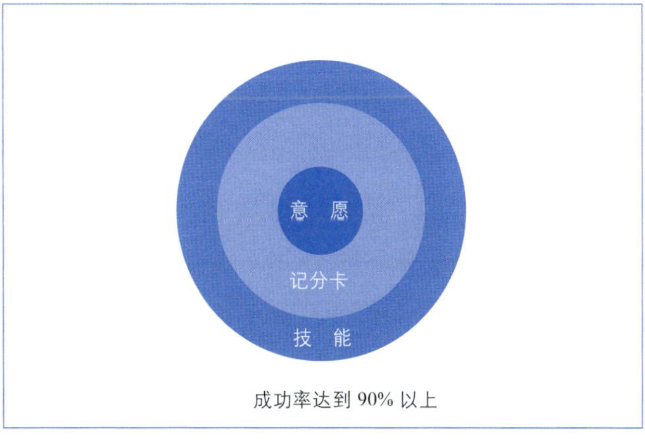

图4.3 A级候选人“技能—意愿”牛眼图

看候选人的技能（能做什么）和意愿（想做什么）跟记分卡是否相符，这就是“技能—意愿”档案。当这两方面跟计分卡上的要求完全吻合时，就组成了一个“技能—意愿”牛眼图（见图 4.2、图 4.3）。

此时，你将有足够的信息来精确评估记分卡。进行升级面试和专项面试后，决定是否再进一步评估某候选人。

先检验技能。技能跟候选人实现记分卡上的成果息息相关。根据面试中收集的信息，当你相信候选人实现成果的可能性至少为 90% 时，那么就在成果栏内给他评 A 级。

再评估意愿。意愿跟候选人的动机和能力有关。针对每项能力，根据所掌握情况，问自己：候选人是否有至少 90% 的意愿将此能力发挥出来？若有，就在具体能力栏内给他打 A 级。否则，就给他评 B 级或 C 级。就这样，评估所有能力项。

A 级候选人的技能和意愿都符合你记分卡的要求。达不到的就是 B 级或 C 级候选人，不管他经验多么丰富，多么有才华。如何确定候选人能组成“技能—意愿”牛眼图呢？有两点：①你有至少 90% 的信心，认为候选人能够胜任工作，因为他的技能可实现记分卡上的成果；②你有至少 90% 的信心，认为候选人很合适，因为他愿意发挥出岗位所需的能力。

红旗警戒：透过表面，揭开真相

面试过程中，候选人的某些行为表现让人不放心。把它们想象成红旗警戒，这些行为本身并不致命，但是却意味着有尚未揭开的真相。

根据我们的经验，招聘过程中最主要的红旗警戒是：

- 候选人闭口不提过去的失败。
- 候选人回答时夸大其词。
- 候选人把别人的功劳据为己有。
- 候选人说过去老板的坏话。
- 候选人说不清为何要换工作。
- 候选人身边最重要的人不支持他换工作。
- 应聘管理职位的候选人从未招聘过或解雇过人。
- 候选人对薪酬福利比工作本身更感兴趣。
- 候选人总是摆出“专家”面孔。

上述每面红旗都足以终止招聘：表面上是 A 级候选人，一旦录用上岗，很快就会暴露，他有可能是 B 级甚至是 C 级候选人。因此，如果红旗飘飘，你就得重新审视情况。决策时间临近，你可不想忙了半天却招错了人。

马歇尔 · 古德史密斯的行为警告信号

马歇尔 · 古德史密斯（Marshall Goldsmith）对行为警告信号的研究最为深入，被《商业周刊》誉为近代领导力开发方面最具影响力的人物。他在畅销书《习惯力》(*What Got You Here Won't Get You There*)中诊断出20种可毁掉经理人职业生涯的行为。我们询问:"在招聘过程中，最应该警惕哪些破坏性行为?"他作出了详细的回答。

"爱当常胜将军。招聘时，我会警惕那些喜欢吹嘘自己的人。举个例子，我有一个朋友总爱跟人讲，他买了一个玩具，结果发现别家也有卖，价格便宜一半。于是，他退掉了原先的玩具，驱车穿过整个城市，买到了便宜的那个！没错，他是胜了。然而，他花了整整2个小时只为省下10美元！你要当心那些不分轻重缓急只管取胜的人，他会让你跟同事投入巨大精力干芝麻大的小事。

"过度贡献。这点很容易发现。如果你在谈话中提出一个想法，候选人会不会补充许多自己的意见？若是，这意味着他觉得你的想法不够成熟，也表明候选人太自负。

"面试中，说话以'不''但是'和'然而'开头。'是的，这主意很棒。'这样答很好。'不，我同意你，但是……'这显示候选人患有'自我膨胀症'，跟他一起工作很难。

"向世界证明自己有多聪明。不健康的炫耀会赚来过多的掌声，尤其是对于领导者来说，陷入自恋非常糟糕。

"贬低以前的同事是非常危险的红旗警戒。此人一旦与你共事，也会同样不客气地讽刺挖苦你！

"推诿责任。满腹牢骚的人不要招。真正的赢家从不抱怨，而是想办法解决问题。

“爱找借口。问候选人最大的困难是什么。如果他说出现困难不是自己的错，而是别人怎么怎么，这显示出他在推卸责任。

“老强调‘我就是’怎么样。留心这样的说法：‘我就是不服管’‘我就是没耐心’‘我就是不想让别人参与决策’‘我就是这样’。老强调自己就是这样的人不会积极改变以适应你公司的文化，因此，万万不可招聘这种人。”

最终的聘人决定

到了揭开真相的时刻。填制记分卡，物色选手，进行 4 种类型的面试，并收集到大量信息。现在，是时候作出选择了。面对众多候选人，究竟该聘谁？

鉴于信息丰富，决策会比较容易。你可以这样做：

1. 拿出已完成的每位候选人的记分卡。
2. 确保在记分卡上给所有的候选人评级。如果还没有评出总体的 A 级、B 级或 C 级，那么现在就去做。要根据咨询证明人的结果修正以前的评判。审视候选人资料，考虑面试小组的观点和看法，给予最终评级。
3. 如果没有 A 级候选人，那就从招聘第二步重来：物色选手。
4. 如果只有一名 A 级候选人，录用此人。

5. 如果有几名A级候选人，斟酌权衡，录用其中最优秀者。

恭喜你！你已经定下要聘的那位了。如果你严格遵守了A级招聘法，那么他将在工作中带给你惊喜。等一等，你的任务还没有完成！听说过《5只青蛙蹲滚木》那则脑筋急转弯吗？它是这样说的：5只青蛙蹲滚木，1只决定跳开。请问还剩几只？如果你回答："5只。"你就对了。计划和实际操作是两回事。

你已经决定了该聘谁。

现在，请执行最后一步：说服此人加入团队。

选拔 A 级候选人的过程及提问指南

筛选面试步骤

进行 20 ~ 30 分钟的筛选面试。问 4 个关键问题。使用“什么”“如何”“告诉我更多”等了解更多信息。把发现的 B 级和 C 级候选人剔除。

筛选面试提问指南

1. 你的职业目标是什么？

2. 你有何职业专长？

3. 你在职业上不擅长什么，或对什么不感兴趣？

4. 请说出你过去的 5 位老板。如果按 1 ~ 10 分来打分，当我们给你的老板打电话时，他们各会给你打多少分？

升级面试步骤

进行 1.5 ~ 3 小时的升级面试，按时间顺序了解选手的整个职业生涯，对每份工作或工作历史的每章提出 5 个问题。招聘经理可同另外一名同事一起进行面试。

升级面试提问指南

1. 聘你去是做什么的?

2. 你最骄傲的成就是什么?

3. 做那份工作的低谷是什么?

4. 你老板叫什么名字，怎么拼写? 跟他一起工作感觉如何? 他将告诉我你的最大强项是什么，又有哪些不足?

5. 如果按 A、B、C 三级来评判的话，你会给曾加入的团队评几级? 你为团队带来何种变化? 你聘人了吗? 你炒人鱿鱼了吗? 当你离开时，按 A、B、C 三级评判，你又会给该团队评几级?

6. 你为何终止那份工作?

专项面试步骤

给团队人员分配任务，让他们参与面试，主要考察候选人符不符合记分卡上对成果和能力的要求。

专项面试提问指南

1. 此轮面试的目的是谈论 ______________（填上具体的成果和能力要求，如开拓新客户的经验、组建和领导团队、制订战略计划、积极进取、持之以恒地行动等）。

2. 职业生涯中，你在这方面的最大成就是什么?

3. 在这方面，你犯下的错误和得到的教训是什么?

评估选手步骤

每天面试结束时，使用“技能—意愿”档案来对照记分卡。筛选出技能（擅长做的事）和意愿（想做的事，喜欢的文化）符合记分卡上的使命、成果和能力要求的候选人。寻找在关键成果和能力上得 A 的人。人无完人，请选中那些符合记分卡上最关键要求的候选人。

咨询证明人步骤

从升级面试获取的证明人中挑选 7 位，打咨询电话。让候选人帮你预约联系，减少咨询的阻力。

咨询证明人提问指南

1. 你跟应聘者是在什么情况下共事的？

2. 此人的强项是什么？

3. 当时，此人最该弥补的不足是什么？

4. 你怎么评价他在那个岗位上的总体表现—请按 1 ～ 10 分来打分。你为什么给他这个分数？

5. 此人提到他做这份工作时，遇到的困难是这个，你能给我讲详细点吗？

最终决定步骤

再次审视“技能—意愿”档案，确保要聘的人的档案能组成牛眼图。

CHAPTER 5

第5章

说服："成交"的五大法宝

一位本不想轻易搬家的微软和甲骨文公司前首席财务官，自由媒体集团董事长如何说服他搬至新工作所在地从而顺利出任 CFO？85 万美元薪水、一套公寓、一辆保时捷、一件大衣、无数次拜访、旅游和聚餐……"追"到 A 级人才的代价是巨大的；其上任后一年内即扭转了公司走下坡路的局面，收益同样巨大。

我的企业成功，归功于我具有洞察力及选择人才接掌重要职位。

——雷・克洛克 (Ray Kroc)

麦当劳公司创办人

多数经理人说服不了相中的候选人。

你费了九牛二虎之力，终于找到合适的人，可在最后关头竟让他溜了。这令你很郁闷，很尴尬，很着急！所以，你要确保不到球门线附近绝不放手。本章内，你会学到确保"成交"的五大法宝。说服工作是 A 级招聘法的第四步，也是最后一步。

实际上，说服工作贯穿整个招聘过程，因为你一直在向应聘者推销你的公司，只不过大多数都是间接的。这些推销实际上就是对应聘者最好的说服工作。通常情况下，A 级人才会被你公司的以下素质吸引：

- 你的公司有很强大的招聘品牌。
- 你公司的网站和职业描述很吸引人。
- 电话筛选面试时，招聘者的声音听起来很可靠。
- 面试组织得很好，面试官令人印象深刻。
- 你承诺会在开始的几周中提供反馈以及指导，来确保新员工顺利入职并且可以很快进入高效工作状态，并会开始个人发展计划、帮助他们成长。

你和你的面试搭档很积极并且很专业，你们会让应聘者在A级招聘法面试结尾时提一些问题。这很关键：在A级招聘法面试结束之后，你已了解应聘者对于每项工作的好恶，你知道哪些是关键点，能够促使应聘者接受工作。所以，在A级招聘法面试之后，也许是进行背景调查的时候，你能够很准确地知道什么是应聘者想要的并且适合应聘者的工作。

成功说服候选人加入公司的关键是换位思考。思其所思，想其所想。事实证明：候选人最关心5样东西。这5样东西，我们称其为说服候选人的“5F”法宝，即：适合（Fit）、家庭（Family）、自由（Freedom）、财富（Fortune）和乐趣（Fun）。

适合。这意味着公司的愿景、需求和文化跟候选人的目标、强项及价值观一致。“我们公司就是这种情况。你很适合。”

家庭。候选人会很在意换工作造成的影响。“我们如何减少工作变换对你家人的影响？”

自由。即候选人加入后可独立自主地工作。“我会给你作决定的充分自由，不事事插手。”

财富。反映出公司的稳定性，以及整体的盈利情况。“如果你实现了目标，会在未来5年赚到______美元！”

乐趣。描述候选人未来的工作环境和同事关系。"我们喜欢快乐的工作气氛。你肯定会爱上这种文化。"

用"适合"说服

"适合"是最重要的说服点。你拼命为岗位寻找 A 级候选人，同时，最棒的候选人也努力寻找能施展 A 级才能的岗位。人跟岗位越匹配，成功的概率就越大。拿"适合"作说辞，可使 A 级候选人看到你运用 A 级招聘法后，对他的充分了解。

适合，意味着告知候选人他的目标、才华和价值观跟公司多么一致。人人都想有所作为，被人所需要，加入正确的组织。摆出"适合"，就等于告诉候选人：他加入公司后，这些渴望都能被满足。

阿雷克·高尔斯（Alec Gores）就是靠这个方法搞定 A 级候选人的。"我告诉他们公司的愿景和方向，他们就很兴奋。"他说道，"他们必须知道我的愿景，并一起努力。我不想聘来的人说：'你就干这个啊。'我们是一个团队，一起成功，一起赚钱。"

马克·斯通（Mark Stone）是格雷斯集团（Gores Group）的高级执行董事，他讲得很简单："向选手展示：你很在意他们能否适应。99% 的竞争对手都没这么干。你会努力为他们创造条件，这跟只关注'适不适合我们'的人不同，也更容易吸引 A 级候选人。"

加布里埃·艾加瓦里亚（Gabriel Echavarria），科罗纳集团

（Consejo Corporativo of the Corona S.A Organization，总部在哥伦比亚的一家陶瓷公司）的董事长、总监，十分重视文化上的“适合”。科罗纳集团的人知道，选拔出的 A 级候选人很适合现有岗位。他们通过严格的面试和评估过程，清晰了解新人的目标、强项和价值观。艾加瓦里亚告诉我们，难点是让新人了解公司及公司的文化，看是否适合。“首先你必须给他们介绍公司。你得推销公司，推销公司的愿景和潜力。有才之士从不会轻易‘下嫁’既无潜力又跟自身目标和能力不搭界的公司。他们最珍贵的商品是时间。如果真是 A 级候选人，就会很看重公司的潜力。”

接下来，艾加瓦里亚会带候选人去科罗纳集团，让他们四处看看，见见工作人员，感受一下文化。“我们的企业文化很低调。它是一个家族企业，不是上市公司。我们十分珍视价值观，不喜欢炫耀和自负的人。作为一家跨国公司，我们需要外国文化和企业文化二者都能适应的人。”直至找到职位、公司和文化 3 方面因素都相符的人选，艾加瓦里亚才认为真正找到了合适的人。

用“家庭”说服

加布里埃·艾加瓦里亚还大量使用说服“5F”法宝中的第二个“F”——家庭。他用家庭纽带作诱饵，让 A 级候选人上钩。“家属来自哥伦比亚的外国人是头号目标，”他说道，“这些人有的毕业于哈佛，有的毕业于西北大学、康奈尔大学和斯坦福大学，可都是精英。我们有办法聘请他们去哥伦比亚工作，因为身为父母（尤其是妈妈），他们想让他们的孩子在那里长大。"

艾加瓦里亚比我们采访的所有美国商界领导人都更重视亲自欢迎选手的家属和子女。"我们专门匀出时间，带领候选人全家参观、游览并一起进餐，让他们觉得宾至如归。

"通过这种办法，我们不仅说服最棒的候选人加入工作团队，还把整个生活都搬到了哥伦比亚。"在艾加瓦里亚眼里，家庭是招聘的助力。然而有时，它又是招聘 A 级候选人的最大阻力。家属和子女本能地反对换工作，因为这会使他们远离朋友，孩子转校，一切从零开始。

— 精 彩 案 例 —

如何说服不肯轻易搬家的准 CEO 举家搬迁至工作地？

自由媒体集团（Liberty Media）的董事长约翰·马龙（John Malone）正面临此种困境。他想请格雷格·马菲（Greg Maffei）担任 CEO。马菲一直是只蓝筹股（即价值较高的绩优股，暗指人比较杰出。——译者注）：哈佛商学院 MBA，担任过微软和甲骨文公司（Oracle）的首席财务官。可他家在西雅图，不想轻易搬家。“最难的是让格雷格同意从西雅图搬到丹佛。”马龙说道，“他有 4 个孩子。妻子又热衷于当地的慈善事业。他们跟西雅图难分难舍。怎么才能让他们全家高高兴兴地搬到这里呢？我可不想要一个天天往返于两个城市的 CEO。”

马龙是怎么做到的呢？“全靠慢慢影响。”他解释道，“跟格雷格的每次谈话，我几乎都会问：‘您妻子怎么看？孩子们乐意 12 月份搬来吗？’”每次交流，马龙都强调住在丹佛的好处，包括能去附近的山区滑雪、远足等。最终，马菲同意举家搬到丹佛。

有时，“成交”光靠询问准雇员的家庭成员并不够，你还需要付出无限的爱心。我们所知的最佳范例是一位总裁执行助理做出的事迹，她所在的公司是我们的客户，位于得克萨斯州首府奥斯汀。他们看好的人应聘了北美销售经理一职。此人来自北部——是个北方佬（美国北方的土著人或原住民。——译者注）。虽然他心仪这份工作，但家人不想搬迁。

于是，总裁助理特克斯·钱斯（Tex Chance）实施了一系列的“爱心计划”。她雇摄影师拍摄当地居民在翠维斯湖 (Lake Travis) 上滑水的快乐情景，根据该候选人的喜好遴选出奥斯丁的十佳房产，写成了简要报告。另外，她还在 2 只牛仔靴筒里塞进瓶装龙舌兰酒和奥斯丁市精彩的现场音乐会的门票，让北方佬夫妇前来欣赏。最后，北方佬的妻子和孩子被征服了，他本人也接受了这份工作，举家搬到了得克萨斯州。

应给予约翰·马龙和特克斯·钱斯的坚持金星奖励，然而，并非所有经理人都能成功地说服相中的人选。我们经常看到那些应聘经理人、CEO 的 A 级候选人表现突出，备受关注，却在最后关头放弃，因为家庭不同意。

对此，海德思哲国际咨询公司的凯尔文·汤姆森谈了自己的认识:“前些日子，我跟同事说，我们改变了人们的生活。我们不仅改变了入职经理人的生活，改变了他们家庭的生活，也改变了经理人下辖员工的生活。在美国，家庭成员的意见对工作变动的影响很大，这有点奇怪，别的国家就没有这种情况。要知道，经理人所处的社会和家庭环境对他接不接受某一工作很关键。如果你不了解，很容易在最后关头失去这位人才。”

家庭在决策中是如此重要，因此，格雷格·亚历山大（Gregory Alexander），销售指数有限公司（Sales Benchmark Index）的 CEO，奉劝你在最后阶段务必对此多加留意，而不只是关注候选人本身。“小公司招聘时，要说服的永远不是候选人本人。如果他不乐意，就不会来应聘了。要说服的是他的家属、子女、父母、朋友等。在这种情况下他们更有决策权。候选人举棋不定时，就靠他们说了算，一定要把他们拉到你的阵营，否则你就会失去候选人。”这么做时，有一点要再三强调：要万分真诚。“5F”法宝不是用来操纵人的，而是临近招聘尾声时，你应带着一颗真诚之心多加关注的方面。

李·皮尔斯博瑞（Lee Pillsbury），德尔酒店集团（Thayer Lodging Group，一家私营地产投资公司）的董事长兼CEO，为我们树立起了榜样，他在说服候选人加盟时和加入后都为其家庭着想。“我关心他们的家庭和子女。孩子长大后，我会特地认识他们、给予建议、解答疑惑等，并帮助他们获得成功：帮他们找暑期工作、申请大学等。你需要从各个方面关心为你工作的人。”

所有这些故事都表明：一旦你看准了候选人，就得征服他和他的家人——从子女到父母。邀请他们转一转，找房地产经纪人带他们看看感兴趣的社区和学校，与他们进餐，介绍他们跟团队其他员工的家庭成员认识。等孩子们上床后，坐下来一起喝杯龙舌兰聊聊天。

用“自由”说服

A级候选人不喜欢过度被人控制。这违背他们的本性——与生俱来的让其超凡出众的内在特质。X世代（美国二战后及20世纪50年代出生的人。——译者注）和Y世代（美国建国以来出生的第13代人，即1961—1981年的出生者。——译者注）的A级候选人尤为如此。如果老板或董事会事无巨细什么都过问，他们会急忙抽身。他们找的是能自主施展才华的职位。问题是：一些管理者不敢给A级候选人自由，怕自己失去掌控力。这是管理的一大矛盾。事实上，卓越的领导者授权给 A 级人才后，掌控力反而更强了。他们知道加盟团队的是英才（记分卡上有显示）。记分卡还表明将用哪些成果来衡量他们的业绩。当一切都清晰明朗，就没必要事事插手了。你需要创造一个 A 级候选人喜欢的自由环境使其尽展才华。

3M 公司的乔治·巴克利通过与员工建立信任来给予对方自主空间。他告诉我们:“许多 CEO 认为：当 CEO 就是要高高在上，摆出法官的严肃面孔。其实，CEO 要激励员工，如果不互相接触，是没法激励员工的。这份付出少不得，它需要你花费精力。CEO 有时候怕太人性化会造成不好的影响，但如果你想让员工发挥最大价值，就得让他们做自己。

“他们有的话太多，有的太腼腆。人无完人嘛。不要期望他们会立即改正，要给予信心，让他们慢慢改。得知自己获得了信任，员工就会放开手脚，勤奋努力。因为即便出了岔子，我也不会拿他们开刀。能力就是这样提升的。请拿出信任，伸出友谊之手。”

斯泰茜·舒斯特曼鼓励 A 级候选人对她的工作进行评价，从而建立起信任。“如果候选人是资深人士，就会希望有更多的自主权。我鼓励他们通过交流来了解我的职场风格。”让候选人自由自在地了解你的情况，还有什么比这更能让候选人体会到自由的感觉呢?

有些公司创立了一整套“自由文化”。都铎投资公司就是个绝佳范例。保罗·都铎·琼斯说:“我们把自己看作一所支持机构：员工是乐于协作的杰出企业家，他们自由自在地作出负责项目的投资决策。”

在非营利部门，拥有目标和追逐目标的自由是经理人常常使用的最佳说服武器。乔治·汉密尔顿，可持续发展社区协会的负责人，说他招的新人知道工作时间长、薪水微薄，要说动这些A级候选人加入，就得使用上述办法。“我们试图说服他们，他们所从事的工作可以改变别人的生活。我们确实一直在努力作出卓越贡献。同时，我们也采取企业化经营，强调结果导向，这很吸引人。他们需要得到自我肯定，明确自身职责，看有没有机会充分发挥自己的能力。管好这些人真不容易，因为你得创造足够的空间，让他们施展才干。”

当今，自由是职场人士（尤其是佼佼者）的空气。A级候选人不想被人死死控制，而想发挥自身领导风格，证明个人价值。告诉他们，你推崇自由，公司的文化也会给予其充分自由，这样，你们就离“成交”不远了。

用“财富”说服

如果其他办法皆不灵验，亮出钞票就能让候选人俯首折腰，对吗？大错特错！研究显示：金钱的作用并不大，它绝不是头号激励因素。今天加薪高兴了一阵，明天可能就忘了。

罗伯特·吉列（Robert Gillette），霍尼韦尔宇航公司（Honeywell Aerospace）的 CEO，告诉我们："拿薪水来吸引候选人可不是好事。"是的，金钱只是整套说服武器中的一件，绝不可单独使用。这并不等于说你可以漠视金钱。最终，还是得谈到钱，更重要的是，你可以向候选人展示：他加入公司后，将"怎样"获取报酬。这样做大有好处。卡尔·林德纳（Carl Lindner），美国保险公司（American Financial Group）辛辛那提分部的董事长、创始人，善用此策略。他说："我鼓励大家看看收入记录、收益增长及市场价值。我经常跟候选人讲本行业的佼佼者赚过多少钱，创造了多少财富。"

最终的薪水受外部和内部双重因素的影响。候选人会拿外部市场价作为自己现阶段薪水的衡量基准。招聘经理则会应用内部薪酬制度，它跟外部市场价可能相关也可能无关。

好事达保险公司（Allstate）的董事长爱德华·利迪（Edward Liddy）很了解这一情况："在劳动力市场上，发放薪酬也不是件简单事。不小心就付高或者付低。付低了，你留不住人才；付高了也不行，其他人发现了，很容易因心理不平衡而起内讧。"利迪跟我们采访的许多人一样，建议"按业绩付酬"。他补充道："我们在好事达保险公司实践得非常成功。它帮你发现并留住出色人才：那些真正相信自己的能人！"

我们支持该策略，推荐你根据员工业绩有无达到记分卡要求来设定不同薪酬。记分卡上规定了 A 级业绩，并有客观衡量标准。把奖金跟记分卡要求联系起来，可保证你为 A 级业绩支付最高薪酬。

科罗纳集团的加布里埃·艾加瓦里亚就是这样做的。“我们的人员知道怎么获得奖金。奖金是跟定额目标和其他 8 项明晰目标联系起来的。人们愿意拿更低的薪水加入我们公司，因为他们相信未来的薪酬会增长。”

就这样，通过把薪酬跟公司未来发展联系到一起，艾加瓦里亚招来了在此长期稳定工作的 A 级人才。“凡到这儿来的人，不是只想干 6 个月，而是打算干上 6 年、10 年、30 年！”

用“乐趣”说服

一生中，人们 1/3 甚至一半以上的清醒时间都是在工作。我们工作的时候也可能充满乐趣。“乐趣”的内涵当然同企业文化紧密相连。我们参观过新兴创业公司，在那里，你觉得自己好像走进了活力四射的健身中心。我们也去过庄严肃穆的金融机构，在那里，“乐趣”就是穿两件式西装，而不是三件式。

在斯玛特公司，“自由”就是我们的文化，“乐趣”就是做你想做的事。杰夫喜欢干大事，开拓业务，最爱招聘英才。他做这些，80% 以上的时间都是在享受。兰迪开创了斯玛特高管培训业务，因为他希望向人们传授技能，让他们在工作和生活中更多产高效。与此同时，他还尽量减少工作中枯燥乏味的内容。另外，我们俩都十分喜爱这支团队。斯玛特公司在招聘时十分谨慎，以确保新人在各方面都适合，包括享受我们理解的“乐趣”。坦率地说，这是吸引新人加盟的一大原因。我们总是努力每天都工作得快乐。一年一度，我们还会选个风景名胜地，如纳帕谷（Napa Valley）、希尔顿海德岛（Hilton Head）等举行公司会议，并邀请员工家属参加。

这样做的不止我们一家。约翰·泽尔默告诉我们，在他决定加入联合废品工业公司担任 CEO 时，“5F”中的每个“F”都有吸引力，但是最后一个“F”（Fun）最打动他。“董事会开出的条件很诱人，但也不是非去不可。人力资源部高级副总裁艾德·埃文斯介绍说，该公司市值 60 亿美元，处于起步阶段，需要指引。太好了！我喜欢干这种活。他们要找一位有经验的。我的经验正适合接手这种状况的公司。我觉得自己并不是去工作，而是在享受无穷乐趣的同时创造非凡的成就！”

什么是乐趣？当然，一千个人会有一千种理解。在约翰·泽尔默眼里，乐趣就是有机会施展出全部才华，用上所有经验。显然，他已经成功地体会到了快乐工作带来的兴奋与成就。

说服的 5 个波段

要说服准员工加入，需要了解他最关注“5F”中的哪一个，从而征服对方的心。可是，说服工作应在何时展开呢？我们把“说服”作为 A 级招聘法的最后一步。事实上，你应该将其贯穿于整个招聘过程。它跟物色人才一样，需要你时时挂在心上。

数年来，我们发现：聘用过程中有 5 个明显的波段，需要你着重去做说服工作，把它们当作必须征服的波峰。如果你不磨炼说服技艺，就没法将候选人推向下一波段。这些波段分别是：

1. 物色时。
2. 面试时。
3. 录用后候选人考虑接受工作时。
4. 候选人接受之后至到岗之前。
5. 新人上岗后头 100 天。

物色过程中，多关注候选人的兴趣和才华，就有机会鉴别候选人最注重“5F”中的哪一个（见图 5.1）。

马克·斯通说得好：“整个招聘过程一开始，你就得注重说服。你需要知道选手的兴趣点在哪儿，对什么最着迷。要想知道这个，就得倾听。多问问‘你今天做得如何？你真正追求的是什么？’”斯通告诉我们，作说服的第二个原因是：“能让选手早早解除警惕，这样你能更快更准地看清他们本人和他们的追求。下一步你就可以针对具体的情况做说服工作。”

面试过程中，说服工作一般在每次面试临近尾声时进行。前面写道，我们建议你开门见山地说：“面试中，我们会先花时间了解你。

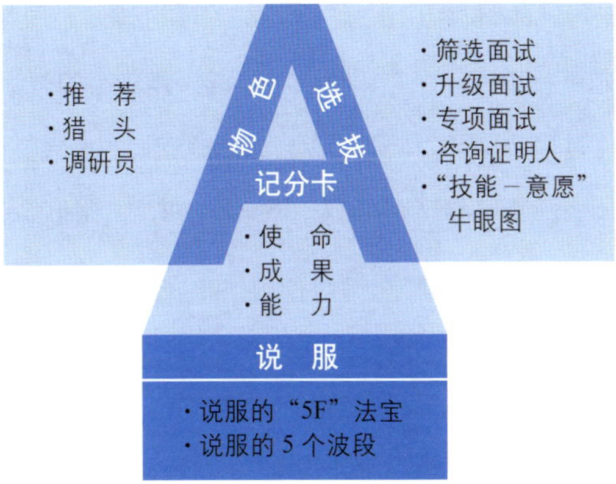

图5.1　说服方式示意图

然后，你会有机会提问。"假如你看好候选人，结尾的提问时间就是你的推销时间。

面试中，留心候选人怎么说，你就会清晰地知道如何发出加盟邀请，最终成功吸引他。

假如你面试的是应聘博物馆馆长的候选人，最后她问你博物馆是否为员工的再教育全额买单。你就知道：①她想提升自身不足，增强专业能力；②你们的再教育机会越诱人（不光是学历教育，还有出差观摩等），她就越动心。如果这样，那就抓住这个要点巧妙说服对方吧！

第三次说服工作应在你发出邀请后、对方斟酌是否接受这份工作的时候进行。此时，经理人总是误以为选手“需要时间考虑考虑”。他也许真的需要时间，但这样一来，候选人作决定的时间可能会拖得很久。此时，如果经理人没有与对方保持联系，对方会觉得受冷落。

在3M公司董事会聘乔治·巴克利当CEO时，他就有这样的感觉。巴克利说：“董事会对候选人的审查十分严格，我给他们打95分。为何不是100分呢？他们让鱼儿上了钩，却不知道怎么捉进网里。经过几次失败的谈判后，我都想拒绝出任这个职位了。问题出在代表3M公司谈判的中介律师们身上。他们不把我当人，也不把3M当公司，这让我很生气。

“我告诉董事会，在这些谈判中，我觉得自己不是一个人。他们好像是在买冰箱，而不是在聘人。他们没跟我建立起人际沟通。”好在招聘委员会的主席出手，把谈判从失败的边缘拉回来，说动巴克利加入了3M公司。另外一名候选人可能拒绝了他们伸出的橄榄枝，他们不得不再投入时间来重新招聘。与其冷落这些人，不如想想他们现在的雇主可能正在拼命挽留，或者他们还有别的选择。毕竟，这些都是A级人才。此时，保持沉默会让你痛失英才。

跟他们经常保持联系。使用“5F”法宝来表示公司对他们的关切。告诉他们有多么适合，来公司后能作出多大贡献。关爱他们的家人。承诺给他们工作的独立自主权。消除他们的经济顾虑。让他们分享公司营造的工作乐趣。

有时候，你太热情会吓跑候选人，但根据我们的经验，经理人往往很冷淡，没有表现出足够的热情。当然，你的目标是让候选人尽早同意加入公司，但只做到这些还远远不够。候选人依旧会心生怯意，抽身退出。原雇主依旧苦苦挽留，别人也可能出高价，家庭成员也在担心换工作会影响生活。这些都会左右 A 级候选人的就职决定。如果不是 100% 想加入公司，他们都有可能离开，或者不能全力以赴投入工作。我们建议你在对方答应考虑是否加盟后，送些礼物以示心意，如鲜花、气球或奖券，保持紧密联系。继续了解他对"5F"的具体期望，并迅速予以回应。

虽然我们深谙此法，但不久前还是犯过一次错。我们向一名候选人发出录用通知，他高兴地接受了。当时，他婚礼在即，所以我们同意他婚后再上班，还送去香槟表示祝福。我们觉得给了他足够的空间，照顾了他生活的变化，但有可能做得过分好了。

几周后，度完蜜月，他告诉我们不来公司了，因为他的新娘觉得在人生关键阶段，换工作风险太大。我们都愣住了。他们连香槟都喝了啊！可是，在他的决策链条中，我们松掉了一环，没能征服他的家庭成员：他的新娘。于是不得不接受这次招聘行动的失败。

终于，A 级新人加入公司的日子到了。可是你想过吗？即便这时还是不能放松说服工作。研究显示：新人到岗后头 100 天离职率很高。这个阶段，新职员很容易产生离职的想法。你可以设立强大的岗位支持系统来降低此种风险，而不是光举行一场欢迎午餐会，或让人力资源部简要引导一下就算了。

作为招聘经理或者董事会成员，必须保证新请来的 A 级人才发挥最大的潜能，并获得成功。好在迄今为止你做的所有工作（填制记分卡、物色、选拔等）都能告诉你该怎么制定方案，以确保新人成功。

保罗·拉塔其奥（Paul Lattanzio），BGC 合伙人有限公司（BGCP）的高级执行董事，长期使用 A 级招聘法。他说："运用这个方法，你可能比曾经和他共事过 1 年的人更了解其情况，这让你从他入职第一天起就知道该怎么正确地'开局'。"正确的开局能帮你留住费尽九牛二虎之力才聘到的 A 级人才。

不要推迟。你承诺了培训，A 级员工会非常希望接受培训，因此一定要执行。在有了一定的熟悉度之后，重申你的目的——你会帮助新员工完成个人职业发展规划，这将有利于他们更顺畅地入职、高绩效地完成当前的工作，以及个人的长期发展。

让你新招聘的员工完成他们的个人职业发展规划。这包括做什么、为什么做、什么时候做和如何考核结果。这将会花费一周左右的时间。

积极提供反馈意见。与新员工一起，检查他的每一项长处、每一个弱点和每一项发展建议。让对话持续进行，通常很少有人会不同意。新招聘的 A 级员工通常都很有自主性，他们渴望能够得到反馈，很愿意从你那里得到反馈，完成他们的职业发展规划。

要确保个人职业发展规划中包含季度回顾。回顾可以是非正式的，甚至可以在午餐时间进行，但是如果能够在 3 个月内就和新员工一起检查个人职业发展规划完成的情况，提供反馈信息，并不断提供帮助，将会是一个积极的信号。

运用 A 级招聘法招聘的新员工，会对工作、对自己，还有对作为招聘者的你感到满意。他们渴望和你一起去完成他们的个人职业发展规划，他们渴望得到认可和持续的支持。因此，如果他们想做什么，你一定要给予有力的支持。

将说服进行到底

一位经验丰富的管理者曾问过我们："你们觉得，最能说服英才加盟公司的因素是什么？"研究得知，答案只需简简单单两个字——坚持！卓越的领导者都坚持不懈。他们从不因对方首次拒绝就放弃这次机会，积极追求看中的 A 级候选人，直至对方加入团队。从最初打物色电话，到最后打说服电话，没有丝毫的放松。

罗伯特·赫斯特给我们举过这样一个案例，很能说明问题。他说："如果你找到想要的人，千万别放弃。我们有一家公共保险公司正在物色 2 号人物（不是 1 号人物）。但董事会的人知道，1 号人物也得离开，可他本人并不知晓。我们找到一位很棒的候选人。他说，他才不当 2 号人物呢，得熬上许多年才能变成 1 号。于是，我每隔几周就给他打电话，说：'1 号职位马上就空出来了。'

"最终，我们辞退了原来的 CEO，马上让这新人坐上他的位置。

如果我们没有紧追不放，他可能早‘嫁’到别家了。整个过程持续了四五个月，最终把他‘追’到手。他干得十分出色，到岗以后，股价在短短几年内涨了 5 倍。”

— 精彩案例 —

85 万美元年薪“追”到手的 A 级人才能给公司带来多大收益?

约翰·霍华德，贝尔斯登商业银行的 CEO，告诉了我们一段他的亲身经历，当中涉及曾收购一家消费品公司的著名交易人。这次经历也说明，坚持追到 A 级人才会给公司带来很大收益。

开始时，该交易人买下一家公司，但公司很快就走了下坡路。他知道必须改善管理，于是就寻思如何聘到最优秀的人才。他在一家成功的竞争对手那里发现了一名行业 2 号人物。

于是，他飞过去单独见此人，这让对方十分震惊。通过亲身接触，与这名候选人建立关系，他想聘请这位候选人。凭他在行业里摸爬滚打多年的经验来判断，这位候选人有能力力挽狂澜，改善经营，就是他想要的人。

“但是，怎么得到这个人呢？交易人有栋房子离这位候选人的家不远。于是，他每次飞过去，都会去见他。当时，这个人的薪水是 17.5 万美元，交易人答应给出的薪水是当时的 2 倍，但对方无动于衷。他来自小地方，不习惯纽约这种大都市的生活。虽然连高中都没读完，但他的确非常聪明。交易人还是紧追不舍，逐渐打听到是这个人的妻子不想让他换工作，不知是借口还是真实原因。

“最后，交易人邀请这位候选人和妻子一同去纽约。当时，他的开价已是那家伙薪水的 3 ~ 4 倍。他用私人飞机带他们俯瞰波光粼粼的河水，邀请他们参观自己带天台的摩天公寓，说：‘这就是你们的住处，由公司解决所有的后顾之忧。’从窗外望去，眼底就是流光四溢的纽约城。交易人可能故意安排他们在天黑后上去，此时华灯初上，视觉效果比白天更美妙。

“然后，他们下楼，那里停着一辆保时捷 911。交易人说：‘过来以后，它就是你的了！’

“接着，他们去最美味的法国餐厅吃饭。交易人知道：未来的 CEO 和他的妻子会喜欢的，因为他们是美食家。他拿出一只大盒子摆到桌面上，跟未来 CEO 的妻子说：‘我知道你担心纽约的冬天太冷。’打开盒子，里面是一件栗鼠呢大衣。‘拿着吧。不管你们过不过来，这都是我送你的礼物!’

“最后，交易人以 85 万美元的薪水（外加一套公寓、一辆汽车和一件大衣）的代价拿下此人。上任后，新人 1 年内就扭转了整个公司的局面。

“我知道这个故事，是因为几年后，我从交易人那里花高价买下了这家公司。我们的投资回报也很高，仅用4年的时间，我们就赚回了20倍的钱！”

霍华德告诉我们，这故事的精髓是：“当你找到合适的人选后，应全力以赴把他追到手。全力以赴！”你可能不需要准备一套公寓或者一辆新车。但不管怎样，坚持到底就是胜利。

如何说服 A 级候选人？

1. 确认候选人最关注"5F"中的哪些：

适合。这意味着公司的愿景、需求和文化跟候选人的目标、强项及价值观一致。

家庭。候选人会很在意换工作造成的影响。

自由。即候选人加入后可独立自主地工作。

财富。反映出公司的稳定性，以及整体的盈利情况。

乐趣。描述候选人未来的工作环境和同事关系。

2. 在说服的 5 个波段制订并执行计划，解决选手关注的问题：

物色时。

面试时。

录用后候选人考虑接受工作时。

候选人接受之后至到岗之前。

新人上岗后头 100 天。

3. 坚持不懈。不追到 A 级候选人决不罢休！

CHAPTER 6

第6章

在公司内部运用 A 级招聘法

整天早出晚归、精疲力尽的运营总监，自从聘到 A 级人才、组建 A 级团队后，不但睡眠好了，竟然还有时间做运动、陪妻子了！

约翰·霍涅尔并不符合特易购的公司文化，但他依然可以大展拳脚。“支持性”文化比公司文化更重要吗？

自始至终把人放在第一位，尊重员工是成功的关键。

——托马斯·沃森（Thomas J.Watson）

IBM 创始人

A 级招聘法简单实用。我们采访过 400 多位 CEO、商界亿万富翁和其他成功领导人。这些人一辈子都在商战中冲锋陷阵。他们知道：竞争最激烈的地方也蕴藏着最大的机会。

我们要这些领军者讲述哪些因素最能影响经营成果。答案一半以上是“管理才能”。在剩余方面，执行只占到 20%；战略份额更少，只占到 17%；外部因素（如利率等）只占 11%（见图 6.1）。

总体来看，如果没给予“管理才能”足够重视，你的公司就会

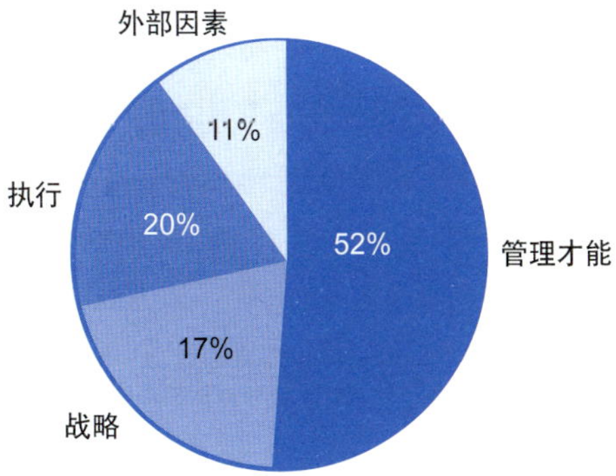

图6.1　影响经营成果因素比例图

始终处在风口浪尖。你会把时间花在处理无休无止的“事”上。反之，你就会有蔚蓝的天空、平静的海面，企业之船航行得一帆风顺。正确的“人”自会处理好所有的“事”。

只要问问英国巴克莱银行（Barclays PLC）的CEO约翰·瓦利（John Varley）就知道了。瓦利告诉我们:“要说巴克莱的执行委员会是如何分配时间的，自从我上任后，最大的变化就是更加重视员工和员工的才能。公司投入很多时间，把它们提到战略地位。现在，我们每周都把聘人的问题排进日程。每个季度会把一半的会议时间用于评估人才，包括内部人员的培训、外招人员的情况等。

“巴克莱的经营业务跟同行业的其他公司相比，并不新鲜，竞争策略也没什么优势，反正大家都是银行。而关键的差异在于执行，而它要靠‘人’来做。

“只要认为我们的‘人’出色，哪怕是孟买的客户也会找上门来。不管是个人客户还是集团客户，都想给自己选准服务商。我们希望客户前来巴克莱，是因为这里有世界上最优秀的‘人’。”

运用A级招聘法，你需要做到10件事:

1. 把“人”视为重中之重。撰写本书时，受访领导者告诉我们：他们把60%的时间用于考虑“人”的问题。把“人”排进前3大要事，并传达解决它的紧迫性，这样就能避免消极的招聘政策。

2. 亲身践行 A 级招聘法。卓越的领导者不会只要求别人，而是会以身作则，起到表率作用。

3. 争取管理层或同事们的支持。让所有管理者都执行 A 级招聘法，领导人就能轻松取胜。他们会从人际圈寻求支持，分享书籍（如本书）来传播理念，甚至举行外部活动和研讨会来强化对该方法的理解。

4. 给团队描绘清晰的愿景，并在每次沟通时强化它。可以这样说："有 A 级人才，我们就会赢。""我们会成功，因为每个岗位上都有 A 级人才。"或者"我们能比竞争对手提供更好的客户服务，因为我们的人都是 A 级人才。"然后，用行动来支持话语，看看愿景是怎样慢慢改造整个团队的。

5. 培训团队做到最佳。领导者要帮助经理人学会 A 级招聘法的所有步骤，保证他们有能力独立执行。亲身示范以揭开这个方法的面纱，把这件简便武器交至经理人手中。

6. 清除成功绊脚石。管理 A 级团队的 A 级领导者会与人力资源部一道，消除所有阻碍推行 A 级招聘法的政策、标准和做法。

7. 制定新政策，为"新法"推行保驾护航。领导者知道，哪怕说干口舌，依旧会有些顽固不化的家伙，因此，必须制定政策，让这些老顽固们俯首听话，乖乖执行：

- 在经理人的记分卡上填写成果要求：“实现至少 90% 的招聘成功率。在（日期）前，组建并维持至少有 90% 的 A 级人才的团队。”
- 要求每个岗位的招聘申请都附上记分卡。没有记分卡，就不要来申请。要想得到公司招聘团队的帮助，经理人必须提供记分卡。
- 发出录用通知前，要有升级面试记录和记分卡评级。不经过升级面试，决不录人。

8. **发现并奖励那些使用该方法取得圆满成果的人。**领导者要始终留心大家有没有使用 A 级招聘法。对招聘成功率达到 90% 的经理人予以奖励。这份奖金会大大提高招聘效率，最终让自己受益。

9. **换掉不合作的经理人。**领导者应该清除那些拒绝使用该方法组建精英团队的人。在作决定前，要给人改过的机会；如果反对者顽固不化，那就将其剔除。

10. **庆祝胜利，争取做得更好。**卓越的领导者会拿出实实在在的奖励（如美味大餐、团体活动、精美礼品等）来庆祝团队的成功。这种认可让大家斗志昂扬，做得更好。不满足的领导者总是寻找更新更好的方法来实现想要的成果，并从第一步开始监督这些方法的实践情况。

我们看到无数 CEO 运用这套办法取得惊人的成果。他们组建起更强大、更高效的队伍。最终，公司从同行中脱颖而出，遥遥领先。事实上，我们斯玛特的人也因此更有干劲。我们目睹成功者因组建起优良的团队而变得更成功，我们眼见他们公司的股价越升越高，成交额不断增大，甚至还看到优良的团队改变了经理人的生活。

— 精 彩 案 例 —

聘来 A 级人才后，疲惫的运营总监变悠闲了

一次升级面试后，我们把一位运营总监评为 B 级员工。我们发现，他根本不知道如何在身边组建起一支强大的队伍。此人事必躬亲，精疲力竭，抱怨员工个个都是废物。事实证明：真正干不好的是他！我们的评估鉴定包括一份警告：这位运营总监若不虚心接受培训，将无法胜任岗位。值得赞扬的是，他决定采取行动，学会使用 A 级招聘法，改造了整个团队，并为每个岗位安排了 A 级人才。

在这初次评估后的 9 个月里，我们一直跟踪了解他做得如何，担心他依旧抱怨自己有多累。可是，他给我们的却是一大惊喜。他说："知道吗？我感觉棒极了！我现在有一支出色的团队在卖力干活。工作这么久，我还是头一次不需要早出晚归，睡眠好了，

天天做运动，也有时间陪陪妻子。这全归功于我有一支 A 级团队啊！我从未有过这么棒的团队。他们是 A 级人才，还聘来了更多 A 级人才。他们干得十分出色。我们的生产率从来没有这么高。我太爱我的工作了！”该公司的 CEO 看在眼里，把运营总监视作 A 级人才，青睐有加。这一切，都归功于运营总监学会了一项关键的领导技能：请来 A 级人才，推动企业经营。

再说一遍，使用 A 级招聘法，并不需要你是 CEO。你可以在现有岗位和部门轻松推行这项方法。不论职位大小，你都能作出贡献。把运用 A 级招聘法招到 A 级人才作为要事，并鼓励下属学习这个方法。这样，你的团队会更卓越，让人刮目相看。你也会成为整个公司熠熠生辉的楷模。

别戴有色眼镜

招聘是件严肃大事。我们把步骤一一分解，让它变得尽量简单。然而，包括你我在内的所有人都不能忽略其中牵涉的法律问题。一些经理人，因为忽略了一些基本原则，让自己和公司卷进麻烦。

联邦法、中央法、省或州的法律规定、地方法……不管你在地球的哪个角落招聘，都得确保遵守这些法律。跟人力资源部和劳动法律团队一起，彻彻底底探明所有需要避开的招聘“雷区”，确保自身安全。

斯玛问公司推广的 A 级招聘法公正合法。它的过程高度连贯，十分注重收集信息，这比商界人士常常施展的种种招聘怪招更为公平、合法。我们在数十个国家传授 A 级招聘法，让数百家公司的 3 万多名经理人学会使用该法，却从未遇到一例法律纠纷，也没听说哪家客户运用本书倡导的方法而遭遇法律问题。

为不违反法律，我们建议你注意以下 4 点：

1. 注重相关性。不要因与工作无关的原因拒绝候选人。使用记分卡的一大好处是：在开始面试前，你必须明确岗位要求的成果和能力。这种清晰定义会让你在评估选手时保持客观，注重事实，排除跟记分卡无关的问题和想法。
2. 采用标准化招聘流程。不管面试哪类人群，请使用同一招聘流程。经理人有意无意地区别对待会给自己惹来麻烦。标准化流程能确保人人机会平等。
3. 在面试和书面文字中杜绝使用歧视性语言。请使用“他 / 她”“他们”，这显示没有预先设定好岗位性别。另外，永远不要对人使用不敬词语。
4. 不要问违法的问题。面试中，有些问题问不得。在美国，这些问题包括经济状况、要不要孩子、有没有怀孕、何时何地出生、医疗条件（除非是跟应聘岗位息息相关）、人种和民族、性别取向、生理和精神缺陷（除非是跟应聘岗位息息相关）等。不同国家，不该问的问题也不一样，所以在当地展开面试之前，一定要向公司在当地的人力资源部和劳动法律团队问清这些问题。

在美国，做到以上几点就能确保遵从公平就业机会委员会（Equal Employment Opportunity Commission，EEOC）和《美国残疾人法》（*Americans with Disabilities Act of 1990*，*ADA*）的雇用规定。在别的国家也一样。

归根结底：别戴有色眼镜！考察候选人能否胜任工作，而后量才录用。使用记分卡来明确标准，通过筛选面试、升级面试、专项面试和咨询证明人来收集事实，看与标准相不相符。根据手上已有的岗位相关情况来评估候选人，排除无关因素。这样做，你会收获良好的招聘结果，因为这全靠公正、合法且高效的招聘方法。

组建 A 级团队

我们一直集中精力讲述如何物色和选拔 A 级候选人。可是，经理人不止要一名 A 级候选人，他们需要组建一支 A 级候选人团队。成功是团队创下的，而不单凭个人。数年来，我们发现：组建全是 A 级候选人的团队会带给经理人很大压力。有些经理人甚至清晰地向我们表达过疑虑。他们会说："A 级候选人在一起能干好吗？"或者是"他们都想当明星，不会爆发冲突吗？我们是不是该少用些 A 级候选人，多配些 B 级候选人，这样就不会起内讧了？"不要再执迷不悟了。

记住：A 级候选人并非"全能运动员"。A 级候选人是能实现记分卡上规定目标的人，这些目标，只有 10% 的该领域人员能够实现。你必须清晰填制记分卡，决定岗位人员必须实现的目标，设定符合企业文化的能力和价值观要求。因此，所谓 A 级候选人，就是能够实现你规定的成果，并遵从企业文化和价值观的人。

如果强调团队精神是公司的核心价值观，那么，一个追求镁光灯的明星运动员绝不是 A 级候选人。我们才不管他有多高效！前面已经讲过，有些人业绩优秀，但其行为方式与企业文化和价值观冲突，结果被开除。这样的例子不胜枚举。A 级候选人不但能胜任工作，还能融入公司，因为记分卡能确保他们适应企业文化。

A 级候选人能够协力完成工作，因为人人都明白自己只是大团队中的一份子，做好一份工作。他们不会互相阻挠，因为每个人都只是各自领域的专家。单个来看，他们都是 A 级候选人，你不遗余力地让其动机、才华和价值观跟岗位相配。

携起手来，他们组成一支 A 级团队，众人划桨开大船，他们整合个人的独特贡献，产生协同效应，推动公司发展壮大。我们认为：组建一支全是 A 级候选人的团队不仅可能，也十分必要。

为 A 级候选人营造“支持性”文化

俗话说：“水涨船高。”聘用 A 级候选人也是这个道理。在合适的时间把合适的人聘到合适的岗位上并能够适应公司的文化，这会影响整个公司。

A 级候选人到岗后，会提高生产率，使大家的工作目标更明晰、愿望更强烈、热情更高涨。一位客户告诉我们，他每聘来一位 A 级候选人，公司的整体士气都会提高。

然而，要记住：波浪的冲击方式并不一样。有的是掀起巨浪，有的是慢慢涨潮。虽然引进的 A 级候选人需要调整自身以适应公司的文化，但是，企业文化自身也需要有一定的弹性，以迎接 A 级候选人带来的冲击，尤其是在需要改变的领域。

特里·莱西爵士（Sir Terry Leahy，《财富》杂志评选的“2003 欧洲最佳商界领袖”）起先在特易购公司（Tesco）做小职员，后来一路升任 CEO。4 年前，当决定进入服装业时，莱西已经非常了解特易购的企业文化，但还是决定根据新情况打破旧有模式。

“我们请来约翰·霍涅尔（John Hoerner）负责这块业务，他一直在大服装公司担任 CEO。”莱西告诉我们，“特易购的服装生意不小，但没有约翰以前管理的零售公司大。约翰成绩斐然：他让生意规模扩大了 3 倍，营业额也迅速上升。他能夯实基础，保证公司未来的业务发展和盈利。

“约翰天生就是个商业缔造者，这正为我们所需。可是，他也给我们带来巨大的冲击。我们本可以聘一个更符合企业文化的人，一个‘特易购式’的人物，但这样做是错的。我们知道，当时所需的是服装行业最优秀的人，我们必须竭尽全力地支持他。团队和我本人给他足够的自由，让他大展拳脚。

“你必须营造一种‘支持性’文化，给人空间，容许人在个性上有所不同。高管们必须成熟地与个性突出的 A 级人才融洽相处。这样做，可达到双方共赢：特易购改变了他们，他们也改变了特易购。”

组建全是 A 级人才的团队，要求你对经营战略深思熟虑，反复斟酌到底需要哪种人才来执行公司规划。也许，你只需对现有团队稍稍升级改造；也许，你需要作出巨大的改变。

不管怎样，此事都刻不容缓。好的领导者会找时间物色业界精英，并施展 A 级招聘法将其聘为己有。他们知道，这是保证长期成功的头等大事。

培养、提拔和选择继任者

我们发现：许多经理人在培养、提拔和选择接班人时，会不自觉用上错误招聘术。他们行动和决策的依据是某人在现岗位上做得如何，而不是评估他能否胜任未来岗位。因此，公司常常花掉数十亿美元的冤枉钱，却没有收到培训成效，提拔和选择接班人的成功率也跟招聘成功率一样低。

卸任将军韦斯利·克拉克（Wesley Clark）是仍在世的军衔最多的美军领导人，他曾担任北约盟军最高司令。我们跟克拉克将军见面时，他说：“帮你爬上某个职位的能力不见得能帮你爬上更高的职位。”

提拔员工时，公司招聘的记分卡也需改写，这意味着你要思考此人需要新增哪些能力。运用A级招聘法，尤其是善用记分卡，严格选拔制度，合理使用人力资源，帮助新人取得成功。

— 精彩案例 —

A级招聘法成就“50年来最棒的CEO换届”

泰德·比利里斯，斯玛特公司的总经理，在跟一家市值数万亿美元、当时正处于新旧交接替期的跨国银行的董事长和CEO共事时体会到此点。

CEO知道，下面的几位高管并不能胜任当前工作，有的甚至犯过严重的错误。董事长可不管这些，他催促CEO“好好了解你的手下”，多收集详细信息，看谁最适合当CEO接班人。

跟CEO进行了几次秘密谈话后，斯玛特团队考察了公司每个部门的战略构想，根据 2 ~ 3 年后的岗位标准为每个岗位设定记分卡。

接下来，斯玛特对所有高管进行了一轮升级面试，了解他们的成功模式及对自己负责的部门的看法。除此之外，对每位高管，我们还采访了 12 ~ 20 名他的现任同事和以前同事，以获取第三方观点。这有点儿像咨询证明人。

最后，我们把对这些精英的详细考察提交给 CEO。有了这些信息，CEO 就能对关键人物加大力度培养，根据已有人力资源合理分配公司职位，从而决定谁来接任 CEO。

新任 CEO 接过大旗，干得风生水起。该公司财务总监私下告诉比利里斯的一句话更让我们高兴："这是 50 年来最棒的 CEO 换届！"

乔治·巴克利担任宾士域集团公司（Brunswick）CEO 时，在一次公开会议上，有人问他："嗨，乔治，你怎么看待'人才'这个问题？"巴克利回答："瞧，今天在座的很多都是高管。停下片刻，想一想：你手下最棒的是谁？其次是谁？

"思考一下：假如没有这些人，公司现在会怎么样？你可能吓一跳：公司真的离不开他们！你可能想要 10 个以上这种人物。因此，聘到、提升和留住合适的人才真是无比重要。这就是我的看法。"我们希望你有同感。

为了留住 A 级人才，请解雇 C 级员工

打造一支 A 级团队，需要的不仅是招聘明星级人才，还有所有人事部最为难的事情：剔除。因为把 C 级员工留在团队中，是对优秀员工的不公平。“解雇不合格的人，不算背叛。”有一次，在芝加哥高管俱乐部的聚会中，我听第一银行 CEO 杰米·戴蒙说，“不解雇那些人，才是对公司每个人的背叛。”

让一个人去忍受那些低绩效的人是件好事吗？如同惠普前战略和企业经营副总裁黛布拉·邓恩所说：“我认为没有比你让一个人在一份工作上碌碌无为更失礼的事情了，就好像一个人在一份工作中不受到同事们的尊重，不被看好，而且失去自尊心。对于我来说，在尊重的伪装下对一个人这样做是非常荒谬的。”或者是给一个人比他应得的高很多的绩效评价、对于他们的弱点不给予诚实的评价，这些都会让他不能进步。这种欺骗可能会持续很多年，特别是在一家发展很好的公司中。随着公司的稳步发展，绩效管理体系变得越来越严格，这时公司就很有可能开除这些 C 级员工。被开除的员工会很难接受并义愤填膺地说：“为什么你不在 10 年前告诉我？我本来能够克服这些缺点的，你现在却说要开除我！”总之，不去指正 B 级、C 级员工的缺点，并且让他们去做他们不擅长的工作，这是很不道德的事情。

那么，如何友善地解聘他人？在一个理想世界里，你无须解雇

任何人。但如果你是一个企业主、投资人或经理，你将发现自己队伍里有些人无法胜任自己的工作，解雇他们就成了不可避免的事。我把这些业绩糟糕的人称为“C 级员工”。当某人无法达到你的要求时，你必须为他，也是为你的客户、员工、股东和你自己，纠正这一招聘错误。在斯玛特公司，我们经常听到经理们说，他们的职业生涯中最遗憾的事情是：总是想尽可能打好手里现有的所有牌。换句话说，他们包庇了自己的 C 级员工。

这是错误的。优秀的领导者不会任由 C 级员工在自己眼皮底下混日子。他们会评估自己的团队，剔除表现糟糕者，然后招聘 A 级人才。我记得有一名高管为了给自己队伍里的 2 名 C 级员工擦屁股，不得不每周工作 100 个小时，而那 2 名 C 级员工每周才工作 30 个小时。

如果不想解雇 C 级员工，最好的方法是向他传达清晰的目标和期望，并对他的工作进行指导，然后评估他的表现。把丑话说在前面，告诉他：“你没有达到你所在岗位的最低要求。我们一起来想办法，看看能不能在接下来 2 个月提高你的成绩。我是来帮助你的，但如果 2 个月后你的表现还是没有起色，你就得走人。”然后每 2 周进行阶段检查，包括口头和书面报告。8 周后，C 级员工深知自己的表现差强人意，他们大多数人会优雅地自行请辞。

另外，你或许可以尝试把 C 级员工调到适合他的其他岗位上。可以是减小或改变他们在工作中的责任，但一定要确保他可以在新岗位上变成 A 级员工。如果 2 个月后 C 级员工没有自动离职，就直接解聘他。收集好相关文件，和他进行最后的谈话。给他一些补偿金，让他去寻找一份更适合他的才能的工作。

解聘一名 C 级员工后，你不必担心团队的士气会因此而消沉。事实上，士气会上涨。你或许会惊奇地发现，其他员工都会称赞你解雇了一个对他人无礼、捣乱、靠不住、毁掉客户满意度甚至暗中损害公司利益的小人。

90% 的经理在解雇不合格员工的时候都过于犹豫了。他们因此而腾不出空间招聘更优秀的人才。我发现，最优秀的 1% 的经理，作出招聘或解雇决策的次数是其他人的 5 倍。在打造 A 级团队的过程中，宁可人事变动得有点多，也不要变动得太少。

请关注“人”，别盯着“事”

运用 A 级招聘法可推动自身事业发展。它让你职场成功，钱袋满满，生活幸福。瞧，真是快乐人生。

为撰写本书，我们采访了商界亿万富翁比尔·科奇（Bill Koch），一位石油大亨。1992 年，科奇开始扭转美国队在“美洲杯”（American's Cup，享誉世界的帆船比赛）中的命运。事实表明，科奇深谙 A 级招聘法的要点，但并不是从我们这儿学来的，而是早年在麻省理工学院时从篮球教练那儿学来的。

他回忆道：“整个大一，我们只赢过一场比赛。后来，学校赶走了那个教练，换了一位国内胜率最高的教练。新教练用一种非常简单的策略让我们打赢比赛：规避每个人的弱点。

“是的，弱点。他不让我们暴露出自己的弱点。如果哪个家伙运球不好，他就说：‘好，你不要运球，你来防守，你来抢篮板球，你能做得更好。’如果一个人不擅长投篮，但精于进攻，那么我们就不轻易传球给他，除非对方没人防守他。我们当时并不是体育联合会的顶尖运动员，要不是教练的这套新策略，我们这些人根本组成不了这支优秀的新生篮球队。

“我们的战绩令人瞩目。大三时，我们打赢了一半的比赛。大四的时候，我们在全国比赛中所向披靡，无人能敌。”

1992 年，当负责组建“美洲杯”帆船队时，科奇发现自己处在相同的位置。他不是经验老到的船员，但知道该如何组建团队。“组建‘美洲杯’美国队时，我用 3 项指标评估了备选队员：能力、团队精神和态度。当然，我们还需要技术。‘技术 +3 项要求’，就这样，我们把帆船命名为‘美国立方号’（$America^3$，右上标“3”表示“立方”的数字，在船名中代表能力、团队精神和态度 3 项要求。——译者注）。”科奇发明了记分卡的类似物，根据标准去评估所有的船员，做法就和 A 级招聘法一样。

“我分别按 1 ～ 10 分打分。人员的态度和团队精神必须达到 9 分或 10 分。最后，我清除了 2 名世界上数一数二的船员，只因他们态度恶劣。千万别请来超级明星，然后再试图改变他们的态度。招聘 CEO 和重要高管时也是如此。”接下来，科奇根据自己设计的记分卡物色和选拔最出色的船员。起先，他没花多少精力，但很快发现得多花时间，好好去做。

“我犯过一个错误：雇了位参加过‘美洲杯’比赛的强手，并让他负责整个船队。此人能说会道，魅力非凡。但是，我没跟他一起共事过。后来，他想说服负责人开除我。我说：‘你滚蛋吧！别出门时被门把手碰到屁股。’

“得到教训后，我启用了从麻省理工学院篮球队学到的那一套。我开除了这位‘最佳运动员’，花时间聘到更适合的队员。这样一来，全队士气高昂。大家不是样样全能，他们只需要有一项特长就足够了。我们按照这样的标准选拔人才，组建团队，这在帆船赛中史无前例。”

有人觉得“美国立方号”（见图 6.2）根本就不可能赢得比赛。20 多家报纸也预言科奇率领的“美国立方号”在比赛中不会有什么出色的表现。想想吧，在决赛中，船员们看到自己领先最被人们看好的意大利队数秒而险胜，该是多么激动！科奇向我们描述：大家在比赛时十分专注，整个船队异常安静。每个人都全力以赴做好自己的事，把每个岗位的功能发挥至最大化。现在想想，他们冲过终点线时，心里多么激动。第一名！美国队领先众人看好的意大利队 42 秒！想想当时如雷的掌声！

试想当 A 级招聘法帮你招到人才精英，实现伟大的事业目标时，你会多么激动。如果没有多少帆船赛经验的比尔·科奇能用此法扭

比尔·科奇供图

图 6.2 美国立方号

转劣势，赢得“美洲杯”，那么你也能用它取得更伟大的成功。不管是参与国际帆船竞赛，进入全球市场，还是致力环保和其他公益事业，A 级招聘法都能够帮你获得成功。

请关注“人”，别光盯着“事”。这是实现职业成功、获得财富和幸福的正确方法。你能够成功。运用 A 级招聘法，你不仅能解决“人”这个重要问题，还能从“人”的角度出发关注整个经营情况。然后，你猛然发现自己已把强劲的竞争对手远远抛到身后。要弄清记分卡上什么最重要，只要想想每个岗位的职责和角色是什么，以及如何通过标准或观察去衡量。

要物色所需人才，请使用我们讲述的全球最成功的经理人们所传授的策略。通过人际网络寻求推荐，招揽 A 级候选人。必要时启用猎头，强化内部招聘团队的能力。

要选拔人才，请严格遵照我们传授的招聘流程。使用“技能—意愿”牛眼图来考核候选人符不符合记分卡要求，保证招聘的成功率。

要说服 A 级候选人接受职位，请使用“5F”法宝，促成“成交”。

A 级招聘法简便易行。

A 级招聘法效果显著。

A 级招聘法能帮你成功。

现在，你知道该怎么去解决头号难题：如何做好聘“人”决策。

今天，你只需决定立刻行动。

明天，你会享有更成功的事业，赚更多的钱，有更多的时间陪伴生命中重要的亲人朋友。把目光从“事”上移开，去解决“人”的问题，我们祝愿你取得更大的成功。

CHAPTER 7

第7章

运用A级招聘法招聘你的下一位CEO

“绵羊”型CEO和“猎豹”型CEO，谁更能为公司赚钱？

投资人约翰·马龙像激光一样专注地做微软首席财务官马费伊家人的思想工作，才劝服他们从寒冷的西雅图搬到自由媒体集团的总部丹佛。挖人才，更要“挖”其家人的心。

让你生活惨不忍睹的，不是那些开除你的人，而是那些你没开除的人。

——哈维·麦凯 (Harvey Mackay)

美国管理作家

客户经常问我们:“什么样的 CEO 最能为投资人赚钱?”

正确的答案是：要看记分卡。情况不同，记分卡上的要求也有所不同。

然而，太多人的追问使我们没法回避这个问题。他们说:“CEO 身上有没有什么总体素质，决定未来的成败?”

答案是:“有。”

什么样的 CEO 最能为投资人赚钱?

如果你是一名 CEO，或者想成为一名 CEO，可能发现我们额外讲的这部分很具启发性。我们进行了前所未有的大规模研究，深入考察了 CEO 特质跟业绩间的联系。我们的发现可能大大出乎你的意料，因为它跟传统智慧背道而驰。

为了搞清有没有哪种特质能决定 CEO 的成败，我们跟芝加哥大学企业和金融学教授史蒂夫·开普兰及其同事莫滕·索伦森(Morten Sorensen) 教授、马克·克列巴诺夫 (Mark Klebanov) 助理研究员组成研究小组。小组共分析了 313 例 2000—2005 年我们对私募股权公司 CEO 们进行的升级面试。然后，大家把面试评估同后来客户提供的实际财务回报相比照。

结论备受争议。2007 年 11 月 19 日，《华尔街日报》对此作了半版报道，引起广泛关注。

董事会和投资者喜欢聘用乐于接受反馈、擅长倾听、尊重他人的 CEO。这些人精通软手腕，我们称之为“绵羊”，因为他们中规中矩，经常听取别人的反馈和指引。

董事会喜欢“绵羊”型人才，因为他们容易相处。我们的研究发现：“绵羊”成功的概率是 57%，这还不错。职业生涯中有 57% 成功率的拳击手闭着眼都可以走进运动名人堂了。

第二种类型的 CEO 行动迅速、进攻性强、工作卖力、坚韧不拔，并对人们高标准要求、严格考核。我们称这些 CEO 为“猎豹”，因为他们敏捷专注。

根据我们的研究：“猎豹”的成功率是 100%（见图 7.1）！这可不是故意凑的整数。真的，每只“猎豹”都能为投资者创造非凡的价值！

传统智慧认为：“绵羊”身上的高情商是万分重要的领导素质。我们的分析表明情况恰恰相反。情商很重要，但高情商能否带来高回报？

太多的管理者一味重视提高“绵羊”技能，却忽略了“猎豹”特质。他们不遗余力跟员工处好关系，平易温和，备受欢迎。结果却创

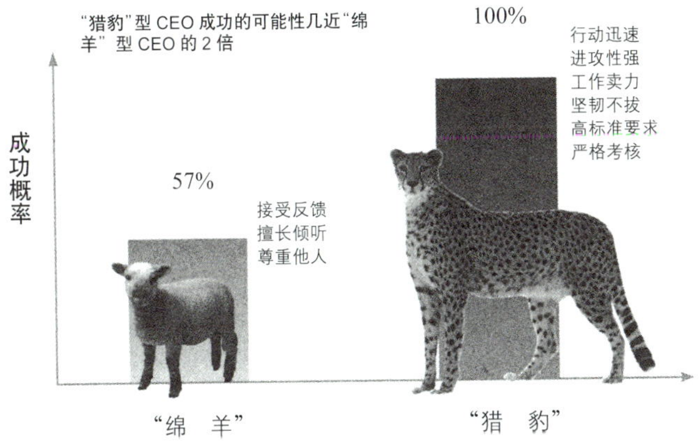

图片来源：斯玛特公司和芝加哥大学斯蒂夫·开普兰、莫滕·索伦森、马克·克列巴诺夫的联合研究报告（2007 年）

图 7.1 "猎豹"型CEO与"绵羊"型CEO成功概率比较图

造不出价值，跟"猎豹"们根本无法相比。

这并不是说"猎豹"就缺乏软手腕。相反，他们很清楚如何利用软手腕帮助晋升，爬上高位。区别在于，"猎豹"们知道什么时候该摒弃异议，袭击目标，做出大成果，推动公司发展。

根据统计，"猎豹"和"绵羊"身上的特质可准确预测职业成就。史蒂夫·开普兰及其团队在芝加哥大学、哈佛大学、沃顿商学院和凯洛格商学院都展示了相关的研究发现：通过 CEO 身上体现出的"猎豹"和"绵羊"特质可准确地预测其职业成就。你可以想想该怎么好好运用这些发现。

— 精彩案例 —

“猎豹”CEO 让公司股价飙升 35 倍

赛利姆·巴萝尔，厨具生产商美得彼餐饮设备有限公司的 CEO，就是最杰出的“猎豹”。5 年前，巴萝尔登上 CEO 宝座，股东们都担心他大胆的行事风格会影响公司业绩。可是不久之后，巴萝尔就证明自己做得十分出色。

巴萝尔迅速停止无利可图的生产线。与此同时，快速评估团队，提拔那些作风强硬的领导者，并把管理层从原先的 7 级迅速精减到 3 级。为更好地了解客户情况，他把所有无人接听的客户来电都转接到自己的私人手机上。客户多为饭馆、餐厅，于是，一到周末(餐饮生意高峰期)他的手机就响个不停。于是，他把标准工作日从周一至周五调成周三至周日。很多人反对他的做法，可他依然坚持自己的意见。

有没有人痛恨巴萝尔的强硬做派？当然有。业绩不佳者要么作出改变，要么被迫离职。巴萝尔十分关心公司员工。有一次他听说员工想要更干净的浴室，就马上采取行动。“现在，”他说，“我们的浴室是你见过的最干净的。”看到成果，投资者们都放心了。他们在美得彼的股价在 5 年多里飙升了 35 倍！巴萝尔解释说：“过去 5 年来，我们的股价从 4 美元涨到 142 美元。这成绩很不错！”

你是想成为“猎豹”，还是想聘到“猎豹”？无论何种情况，我们都建议你选择“猎豹”而不是“绵羊”。在当今快节奏的商业战场上，敏捷和专注能带来更加丰厚的回报。

A 级招聘法招聘 CEO 的步骤

并购投资者（Buyout Investors）最头疼的问题就是招聘 CEO。CEO 们有 50% 的时间在犯错。招聘失误是每个并购投资者的最大噩梦，因为失误的成本太高，而且非常普遍。幸运的是，这个问题是可以避免的。

最近，我们完成了有史以来最大的研究项目，这个项目是关于并购行业如何更好招聘 CEO 的。斯玛特公司招聘研究项目组花了 2 年来完成这一任务。

我们采访了 20 位亿万富翁、12 位大型公司 CEO、35 位卓越的并购投资人和他们雇用的 CEO。同时，我们也和芝加哥大学的一个研究小组合作，分析了 313 位 CEO 的个人财务业绩档案。

我们把前文叙述的 4 大招聘方法，运用到了 CEO 的招聘工作中。我们相信，这种方法可以达到 90% 以上的招聘成功率。同其他职位招聘过程一样，招聘 CEO 也有 4 个步骤：

记分卡

记分卡从量化的角度定义一个岗位的 A 级表现应该是什么。它是成功的蓝图。首先你必须问，这个岗位的核心任务是什么？例如，“下一个 5 年，把公司从一家价值 5 亿美元的国内音响设备零售商，打造为一家价值 25 亿美元的通过区域经销商销售的全球品牌公司”。

接下来，确定 5 ~ 7 个 A 级 CEO 的重要职责，包括“5 年内让公司收益从 5 亿美元增长到 25 亿美元，年均增长率为 38%”。其他职责包括“对臃肿的总部进行裁员，将利润率从 9% 提高到 15%”“2007 年 10 月 1 日前更换即将退休的首席财务官，对财务部门的人员进行更新”“2007 年 12 月 31 日前，雇用一名新的负责企业发展的副总裁”。要完成这些任务，一名 CEO 需要 10 ~ 20 项什么样的能力呢？这些能力可以包括“敢作敢为但不失修养”或“能让下属对自己的工作尽责”。

记分卡不仅可用于招聘 CEO，还可以用于招聘你的合伙人。2007 年，中桥投资有限合伙公司（Centerbridge Partners）的马克·盖洛格里 (Mark Gallogly) 和杰弗里·阿伦森（Jeffrey Aronson）创下了并购基金最高的成绩—— 32 亿美元。他们用本书的方法，以 94% 的招聘成功率白手起家打造了一支精英团队。

盖洛格里告诉我们：“这不是巧合。我们清楚自己想要什么样的人。”阿伦森补充说：“成功的招聘，在某种程度上说明我们有明确的原则，知道要放弃哪些很有天赋但不适合我们的人。我们在公司成立第一年作过的最艰难的决定是，放弃雇用一个很有天赋但具有挑战型人格的投资者作为合伙人，因为他可能毁掉我们的公司。”

物色

最好的投资者，有 2 种办法物色 CEO：

第一种方法是建立一个正规的机制，把候选人筛选出来。我们研究过这样一位身家亿万美元的投资者，他是这样做的：他有一个自制的表格，上面列满了他未来某天可能会聘用的卓越人才。他要求自己的经理也这样做，并通过各种奖励方法，来激励大家寻找人才。

第二种方法是请身边的熟人或朋友成为物色人才的有偿“代理”。我们研究过程中访问过的几名投资者，都有至少半打的永久招聘专员。他们组建了一个囊括律师、银行家、会计和其他服务提供者的网络，并向后者支付寻找天赋异禀的 CEO 的奖金。

选拔

马特·利文是贝恩资本公司的常务董事。近年，他凭借 A 级招聘法，进行了多次成功的招聘，包括贝恩资本、KKR 集团与沃那多房产公司联合收购的玩具反斗城的新 CEO。这 3 家私人投资公司展示了评估候选人的方法，最后他们的选择是杰拉尔德·斯托奇。“要进行完美的招聘，就要花时间了解候选人的背景。”

利文在谈论一般的 CEO 招聘流程时说:“每个人都有自己的长处和短处。如果想提高自己的预判能力，你必须真正了解应聘者的特点。从长远来看，这对你有效管理自己和 CEO 的关系很有帮助。”

为了对一名候选人有最完整的了解，可以针对他们从事过的每一份工作问以下几个问题:

- 你那份工作的主要内容是什么?
- 在那份工作中，你取得的最骄傲的成就是什么?
- 你在那份工作中经历了哪些低谷?
- 谈谈你的老板:你老板的名字是什么?他会如何评价你最大的优点和最需要提升的地方?
- 谈谈你管理的团队:你招聘了什么人?解聘了什么人?你的招聘成功率是多少?
- 你为什么离职?

最后，优秀的 CEO 不能嫉贤妒能。

说服

成功的投资者用 5 个理由说服一名 CEO 候选人投入自己麾下:适合、家庭、自由、财富和趣味。它们的重要程度按顺序依次递减。

适合意味着告诉候选人:“你的天赋与兴趣都和这项事业很契合。”

家庭意味着询问他："你的配偶和孩子希望你走这一步吗？"

自由就是要强调："我会让你自己来作决策，绝不干涉你。"

财富就是要告诉候选人："如果你成功了，我会给你几百万美元的报酬。"

最后，乐趣意味着告诉候选人："我们一定会有一个非常良好的合作关系。"

身家亿万美元的投资者约翰·马龙谈到自己是如何把微软的首席财务官格雷格·马费伊（Greg Maffei）挖过来的时候说，他就像激光一样专注地做马费伊家人的思想工作，劝他们从寒冷的西雅图搬到自由媒体集团的总部丹佛。

用这 5 个理由来说服你的 CEO 候选人吧！

A 级招聘法招聘 CEO 的“五不要”和“四要”

招聘 CEO 时的“五不要”

1. 在没有研究核心业务驱动因素前，就评估一名 CEO 候选人。

2. 凭直觉，不讲数据。

3. 问 CEO 候选人一些假设的问题。这些问题的答案很容易造假。

4. 在找到一名合适的 CEO 候选人时，没有立马行动。

5. 喜欢“绵羊”型 CEO，不喜欢“猎豹”型 CEO。

招聘 CEO 时的“四要”

1. 清楚对于既定任务，什么样的表现算 A 级业绩。

2. 从同事中寻找 CEO 候选人，或运用朋友和关系网寻找。

3. 按时间顺序询问 CEO 候选人的职业生涯，标出他们的亮点。

4. 用 5 个理由说服你的 CEO 候选人：适合、家庭、自由、财富和趣味。

WHO聘谁 THE A METHOD FOR HIRING

误聘成本计算表

错误招聘或晋升的员工的岗位名称：

____

员工在此岗位的时间：从________________________

到____

离职原因：主动辞职：________________________；

被解雇（或被强制辞职）：____________________；

转岗：______________________________________；

降级：______________________________________；

退休：______________________________________；

其他：______________________________________。

1. 招聘总成本 __________美元

○ 招聘 / 搜寻费用（如有担保还要包括担保费用）

○ 外部测试、面试、背景调查、体检费用

○ 人力资源部门花费的时间以及行政费用（针对所有的应聘者）

○ 差旅费（所有的应聘者以及其他高管为了面试花费的差旅费）

○ 非人力资源人员的时间 / 开支（针对所有的应聘者）

○ 安置费用（搬家费等）

2. 薪酬（员工在职期间全部年薪总和） __________美元

○ 基本工资（__________美元 × __________年）

○ 全部奖金（绩效奖等）

○ 股票（所有年数的总和）、福利（养老保险、失业保险等）、汽车、俱乐部费用

3. 保留人才的费用（包含全部年限） __________美元

○ 行政助理费用

○ 办公室租用（包括电费等）

○ 家具、电脑、设备、旅行

○ 培训

○ 其他保留成本

4. 总的解雇费用 __________美元

○ 解雇费（薪水、福利、办公室租金）、律师费

○ 再就业咨询费用

○ 诉讼费

○ 离职行政费用，浪费的时间

5. 错失的业务机会 __________美元

（例如，关键客户的离去，损害了客户的忠诚度等）

6. 毁坏 __________美元

（组织效率低下、降低士气、降低生产效率、损害了团队精神等产生的成本）

7. 其他 __________美元

8. 总和（1 - 7 项）__________美元

9. 估计误聘贡献的价值 __________美元

（即使一个年薪 5 万美元的店长导致了 100 万美元的损失，他也可能还是有贡献的。也许他雇用了 5 个出色的员工，提出一个每年至少值 50 万美元的促销计划等）

10. 误聘的净成本（第 8 项减第 9 项）__________美元

浪费的时间

招聘者和他人为了弥补误聘员工的失误花的额外的时间，如修补与客户的关系等。

管理层胜任力列表

胜任力	胜任力定义	可接受的最低评分	评分
	智商		
智力	迅速获得理解和吸收信息的能力。快速学习能力		
分析能力	深入分析问题和人。分清良莠，深挖本质		
创造力	针对问题提出新的解决方案，或在现有基础上创新。充满想象力		
抽象能力	不仅能有效地处理具体有形的问题，也能处理抽象的、概念上的问题		
判断 / 决策	决策时保持客观、理性。不犹豫不决，也不鲁莽行事		
实用主义	针对问题提出明智的、现实的、可实现的解决方案		
战略能力	全面分析当前和未来的趋势，判断机遇与威胁。统揽全局		
良好的履历	成功的职业经历，取得了不俗的成绩		

（续表）

胜任力	胜任力定义	可接受的最低评分	评分
教育	达到正式和非正式的教育要求。习惯持续学习		
经验	与职位具体相关的工作经验		
风险承担	承担可能的风险，通常产生可观的回报。不要孤注一掷		
引领前沿	不断对比标杆并期待他人也效仿		
个人特质			
诚信	坚如磐石。不在道德上有所缺失。赢得员工的信任。组织利益高于个人利益		
独断力	针对问题有坚定的立场，同时不会伤及他人的感情		
足智多谋 / 首创精神	对成功充满渴望，即使缺少资源也能完成预期的目标。能超过预期，行胜于言，结果导向型的实干家		
组织 / 规划	高效并有条理地计划、组织、安排、预算，关注重点		
独立性	有自己的独立见解，不轻易受他人影响		
追求卓越	对自己和他人的表现要求很高，不能容忍平庸，高度的责任心		

（续表）

胜任力	胜任力定义	可接受的最低评分	评分
适应能力	不死板。对复杂性和变化能应付自如		
管理压力	在面对压力时能保持稳定和镇静		
倾听	准确地理解他人的想法、情感和需求。能设身处地地为他人着想。有耐心、乐意倾听、主动倾听		
讨人喜欢	能让人很轻松，情商很高、热情、富有同情心、谦虚、友好、幽默、真诚		
谈判技巧	谈判中能取得可观的成果，达到双赢		
说服力	可信，在表达观点时有说服力		
第一印象	表现出专业风度。建立良好的第一印象，比如肢体语言、眼神交流、姿势等		
自我意识 / 反馈	能认识到自己的长处和短处。不为错误找借口。运用反馈机制		
团队合作	多接触同事。克服“我们—他们”观点。平易近人。带领同事做有益于公司的事		
关注客户	密切留意客户满意度（内部的和外部的）。和客户建立伙伴关系。服务可视化，快速响应		

（续表）

胜任力	胜任力定义	可接受的最低评分	评分
政治敏感	能认识到政治因素和幕后的动机，并能基于认识有效行动		
口头交流	在一对一、小群体和公共场合能顺畅地沟通。流利、反应快、让人容易理解		
书面交流	运用准确的词汇、语法和词组撰写清晰、简洁、有条理的文档		
管理能力			
团队建设	培养有凝聚力的团队精神。公平对待团队中的每个人，守信		
甄选 A 级员工	运用 A 级招聘法进行有效的招聘和选择，A 级员工比例至少达到 90%		
培训 / 发展 / 辅导	积极有效地培训、辅导和发展他人，促进他人的晋升及成功。培养人才		
重新安置 B 级和 C 级员工	重新配置长期的 B 级和 C 级员工		
目标设定	为自己和他人设立切实可行的目标。鼓励个人积极主动		

（续表）

胜任力	胜任力定义	可接受的最低评分	评分
绩效管理	通过公平的、有力的绩效管理系统强化责任。不吝惜赞美和认同，提供有建设性的批评。持续地提供反馈		
授权	给最底层员工一定的决策权。为下属提供授权和资源		
主持会议	组织和主持会议的能力		
多样性	在使用 A 级招聘法过程中，注意保持多样性		
领导力			
远见	拥有清晰的、可信的愿景和战略		
激励他人	善于鼓励他人，使他人唯其马首是瞻，极少威逼人。勇于负责，善于利用关键因素激励个人		
进取心	渴望承担更多的责任，拥有更大的责任		
韧性	一贯热情地努力实现结果。传达强烈的取胜欲望。具有永不放弃的信念		
精力 / 动力	精力充沛，对成功具有强烈的渴望，高度专注。每周工作 60 小时以上		

（续表）

胜任力	胜任力定义	可接受的最低评分	评分
热情 / 激情	展示富有活力的和积极的“可以做”的态度		
冲突管理	理解冲突的负面影响，主动预防或者弱化冲突。通过冲突有效地工作以优化结果。不会压制、忽视或者否认冲突		
引领变革	主动创造和加强积极的变革。以身作则		
动机			
平衡	平衡工作、健康、关系、社区投入、专业协会、朋友、兴趣		
兼顾需求	在未来，需求与机会是相伴出现的		

注：表示相对容易改变；表示很难改变但仍然可以改变；表示非常难以改变。

5 分 = 优秀，4 分 = 很好，3 分 = 好，2 分 = 一般，1 分 = 差。

优秀企业如何解决招聘失败难题

你也许很想知道一些卓越领导者是如何解决招聘这一头号难题的。为撰写本书，我们采访了 80 多位杰出商界人士，并真挚地称他们为“行业领军者”。我们进行面对面采访或电话沟通，所有采访内容专为撰写本书服务。采访内容均属原创，没有抄袭或复制任何现有文章和书籍。

实地采访统计数据

○ 亿万富翁：20 多名。数量居经管类著作采访之冠。在下面的简介里，有些人写明是亿万富翁，有些人要求保护财产隐私，不便透露具体数字。

〇市值数十亿美元的大公司的 CEO：25 名。

〇创业公司 CEO：17 名。

〇私募股权投资人（其成败完全取决于能否聘对人）:23 名。

〇其他：16 名。含 1 名四星上将、前美国总统候选人，1 名私立中学校长，1 名艺术家，3 名畅销书作者，3 名招聘高手，1 名世界 500 强公司人力资源负责人，1 名非营利机构负责人，1 名世界 500 强公司首席财务官。

〇请注意：有些行业领军者适合不同分类（如有的既是亿万富翁，又是市值数十亿美元的大公司的 CEO，此时采取双重统计）。

行业领军者名单

姓名	职业生涯
乔治·W. 巴克利（George · W. Buckley）	3M 公司董事长、总裁兼 CEO
麦克尔·卡瓦那（Michael Cavanagh）	摩根大通首席财务官
韦斯利·K. 克拉克（Wesley K. Clark）	美军退休四星上将，美国前总统候选人
帕特里克·瑞恩（Patrick Ryan）	亿万富翁。怡安集团（Aon Corporation）创始人、董事长，该公司居世界 500 强，是一家保险经纪公司，市值 120 亿美元，年收益 90 亿美元

（续表）

姓名	职业生涯
理查德·狄维士（Richard DeVos）	亿万富翁。安利公司（Amway）合伙创始人，该公司市值数百亿美元，在全球拥有1.3万名雇员和300万名个体经营者；美国职业篮球联赛奥兰多魔术队（NBA Orlando Magic）所有人、董事长
杰米·戴蒙（Jamie Dimon）	摩根大通董事长、CEO，被广泛认为是当今时代最伟大的CEO之一
卡尔·林德纳（Carl Lindner）	亿万富翁。美国保险公司（American Financial Group）创始人、董事长
詹姆斯·克朗（James Crown）	亨利克罗恩公司（Henry Crown & Company）总裁，芝加哥大学理事会主席，摩根大通、莎莉集团（Sara Lee Corporation）和通用动力集团董事成员
H. 韦恩·休伊曾加（H. Wayne Huizenga）	亿万富翁。Huizenga控股公司（Huizenga Holdings, Inc.）董事长。唯一一位创办起3家世界500强公司的成功商人
E. 内维尔·伊斯戴尔（E. Neville Isdell）	可口可乐公司董事长、前CEO
史蒂夫·克尔（Steve Kerr）	高盛集团前执行总裁、首席学习官，以帮助通用电气前CEO杰克·韦尔奇创建起克劳顿韦尔领导力培训中心（Crotonville Leadership Center）而享有盛名
马特·利文（Matt Levin）	贝恩资本公司（Bain Capital）执行董事，该公司为全球著名私募股权公司，旗下管理着650多亿美元的资产
史蒂夫·斯瓦茨曼（Steve Schwarzman）	亿万富翁。黑石集团合伙创始人、CEO，该公司管理着近1000亿美元的资产

（续表）

姓名	职业生涯
罗伯特·J. 赫斯特（Robert J. Hurst）	高盛集团（Goldman Sachs）前副董事长，现任高瞻顾问公司（Crestview Advisors）执行董事
约翰·R. 霍尔（John R. Hall）	世界500强亚什兰公司（Ashland Inc.）退休董事长，美国第一银行（Bank One）、哈门那公司（Humana）和铀浓缩公司（USEC）董事
迈克·J. 阿赫尔恩（Michael J. Ahearn）	第一太阳能有限公司（First Solar, Inc.）CEO。采用A级招聘法后，公司上市，公司市值在1年内翻了10多倍。公司股票被评为"2007年美国业绩最佳中小企业股"
格雷格·亚历山大（Gregory Alexander）	销售指数有限公司（Sales Benchmark Index, Inc.）创始人、CEO。我们评估出的最佳销售管理者
潘诺斯·阿纳斯塔斯亚迪斯（Panos Anastassiadis）	网联安全公司（Cyveillance）董事长、总裁兼CEO。5年多时间让公司市值增长15倍
杰弗里·H. 阿伦森（Jeffrey H. Aronson）	中桥投资有限合伙公司（Centerbridge Partners, L.P.）联合创始人、执行董事。该公司是有史以来最大的私募基金z
赛利姆·巴萝尔（Selim Bassoul）	美得彼餐饮设备有限公司（Middleby Corporation）董事长、CEO。5年内让公司市值增长35倍，与此同时，标准普尔500指数增长了12%
汤姆·基奇勒（Tom Kichler）	One Equity Partners公司合伙人
卡罗尔·坎贝尔（Carol Campbell）	第一太阳能有限公司人力资源副总裁
丹尼斯·C. 凯里（Dennis C. Carey）	史宾沙管理顾问公司（Spencer Stuart）合伙人、CEO，招聘高手

（续表）

姓名	职业生涯
尼克·D. 查布拉加（Nick D. Chabraja）	通用动力集团（General Dynamics Corporation）CEO。在过去 10 年，该公司是国防及航空领域股票业绩的领跑者
詹姆斯·钱皮（James Champy）	佩罗系统咨询公司（Perot Systems Consulting Practice）董事长，《企业重组》（*Reengineering the Corporation*）一书作者
斯科特·克劳森（Scott Clawson）	GSI 公司 CEO，丹纳赫集团（Danaher）利润最丰厚部门前总裁
埃里克·科恩（Eric Cohen）	私募股权公司 WHI 资本集团（WHI Capital Partners）任事股东
马歇尔·古德史密斯（Marshall Goldsmith）	管理培训大师。他 2007 年的著作《习惯力》居《纽约时报》和《华尔街日报》经管类畅销书之首
加布里埃·艾加瓦里亚（Gabriel Echavarria）	科罗纳集团（Corona S.A. Organization）董事长、总监
艾德·埃文斯（Ed Evans）	联合废品工业公司（Allied Waste Industries，一家市值 60 亿美元的废品拖运公司）执行副总裁、人事总监
莫顿·弗莱舍（Morton Fleischer）	美国特许权金融公司（Franchise Finance Corporation of America）创始人，该公司 2001 年售予通用金融部门（GE Capital）；盛世金融公司（Spirit Finance Corporation）合伙创始人、董事长，该公司后来售予包括澳大利亚麦格里银行（Macquarie Bank Limited of Australia）和冰岛考普兴银行（Kaupthing Bank of Iceland）在内的私募股权联盟
马克·盖洛格里（Mark Gallogly）	中桥投资有限合伙公司联合创始人、执行董事，该公司是有史以来最大的私募基金

（续表）

姓名	职业生涯
约翰·T. 加德纳 （John T. Gardner）	海德思哲国际咨询公司（Heidrick & Struggles）副董事长、CEO，招聘高手
詹姆斯·A. 戈登 （James A. Gordon）	埃济沃特基金公司（Edgewater Funds）创始人、任事股东
阿雷克·高尔斯 （Alec Gores）	亿万富翁。格雷斯集团（Gores Group）创始人、董事长
肯·格里芬 （Ken Griffin）	亿万富翁。城堡投资集团（Citadel Investment Group）创始人、总裁兼 CEO
乔治·汉密尔顿 （George Hamilton）	可持续发展社区协会（Institute for Sustainable Communities）会长，该协会为非营利机构，积极加强美国和全世界社区的联系和互动
J. 汤米尔森·希尔 （J. Tomilson Hill）	黑石集团（Blackstone Group）副董事长，黑石可售另类投资集团（Blackstone Marketable Alternative Investment Group）总裁、CEO
约翰·霍华德 （John Howard）	私募股权公司贝尔斯登商业银行（BSMB）CEO
威廉·R. 约翰逊 （William R. Johnson）	亨氏集团（H. J. Heinz Corporation）董事长、总裁兼 CEO
保罗·都铎·琼斯 （Paul Tudor Jones）	亿万富翁。都铎投资公司（Tudor Investment Corporation）创始人、总裁
约翰·W. 杰伊·乔丹 （John W. "Jay" Jordan）	乔丹公司（Jordan Company）董事长、CEO，该公司为多元控股公司
史蒂夫·N. 开普兰 （Steven N. Kaplan）	芝加哥大学纽鲍尔家族商学院企业和金融学教授

（续表）

姓名	职业生涯
亚伦·肯尼迪（Aaron Kennedy）	爱面公司（Noodles & Company）创始人、董事长，在全美从零做起，现在拥有 225 家餐厅
巴里·迪勒（Barry Diller）	亿万富翁。IAC 网络公司董事长、CEO，悦旅在线（Expedia, Inc.）董事长
罗伯特·吉列（Robert Gillette）	霍尼韦尔宇航公司（Honeywell Aerospace）总裁、CEO，该公司市值 120 亿美元
查尔斯·巴特（Charles Butt）	亿万富翁。H. E. B 零售公司（H. E. Butt Grocery Company）董事长、CEO。该公司在得克萨斯州和墨西哥州经营市值 140 亿美元的超市
迈克尔·克莱恩（Michael Klein）	里特约翰公司（Littlejohn & Co.）总裁，该公司为私募股权公司
威廉·英格拉姆·科奇（William Ingraham Koch）	亿万富翁。奥克斯博集团（Oxbow Group）创始人、总裁，1992 年“美洲杯”帆船赛冠军
保罗·拉塔其奥（Paul Lattanzio）	BGC 合伙人有限公司（BGCP）高级执行董事，隶属于私募股权公司贝尔斯登商业银行
特里·莱西爵士（Sir Terry Leahy）	特易购公司（Tesco PLC）CEO，该公司为英国最大零售商
爱德华·M. 利迪（Edward M. Liddy）	好事达保险公司（Allstate Corporation）董事长，高盛集团、3M 公司和波音公司（Boeing Company）董事成员
马丁·利普顿（Martin Lipton）	全球著名律师事务所 WLRK（Wachtell, Lipton, Rosen & Katz）创始人

（续表）

姓名	职业生涯
约翰·C. 马龙（John C. Malone）	自由媒体集团（Liberty Media Corporation）董事长；著名有线电视公司 TCI 前 CEO，该公司过去 20 年在美国股价表现最佳
乔·曼斯威托（Joe Mansueto）	亿万富翁。晨星公司（Morningstar, Inc.）董事长、CEO，该公司是全球领先的投资研究机构
罗杰·马力诺（Roger Marino）	亿万富翁。EMC 数据存储公司（EMC Corporation）合伙创始人
安德鲁·麦克纳利四世（Andrew McNally IV）	私募股权公司 HKW 合伙人，蓝德麦克纳利公司（Rand McNally）前 CEO 和控股人
沃德·S. 麦克纳利（Ward S. McNally）	麦克纳利资本集团（McNally Capital）创始人、总裁兼 CEO
蒂莫西·迈耶（Timothy Meyer）	私募股权公司格雷斯集团运营副总裁
亚当·J. 迈耶斯（Adam J. Meyers）	豪迈集团医疗与光电部（Halma Health Optics and Photonics Division, Halma PLC）CEO，该集团是全球著名的健康、安全技术公司
杰弗里·E. 摩尔森（Geoffrey E. Molson）	莫尔森科尔斯酿造公司（Molson Coors Brewing Company）的营销副总裁。北美历史最悠久的啤酒公司（1786 年创立）的第 7 代传人
科里亚·奥康纳（Kolia O'Connor）	塞威克利学院（Sewickley Academy）院长，该学院位于宾夕法尼亚州西部，提供学前至 12 年级的课程
李·皮尔斯博瑞（Lee Pillsbury）	德尔酒店集团（Thayer Lodging Group）董事长、CEO，私营地产投资公司，总资产超过 20 亿美元

（续表）

姓名	职业生涯
斯帕·斯特里特（Spar Street）	国际著名艺术家，他的作品鼓舞和激发了许多世界上最具影响力的人物和机构，包括泰德·特纳（Ted Turner）、理查德·布兰森爵士（Sir Richard Branson）、文莱苏丹、无数 CEO、众多畅销书作者、一线影星、音乐家，甚至联合国
佩妮·普立兹克（Penny Pritzker）	亿万富翁。海悦经典住宅公司（Classic Residence by Hyatt）创始人、董事长兼 CEO，全联公司（TransUnion）董事长，普利兹克地产集团（Pritzker Realty Group, L.P.）董事长、CEO
迈克·派尔（Mike Pyles）	城堡投资集团人力资本开发部负责人，通用金融部门前人力资源负责人
安德里亚·雷蒙德（Andrea Redmond）	雷诺仕招聘公司（Russell Reynolds）前顾问兼招聘专员
亚瑟·洛克（Arthur Rock）	亿万富翁。投资于苹果公司、英特尔公司、泰莱达因公司（Teledyne）以及其他许多新兴公司的风险资本家
斯泰茜·舒斯特曼（Stacy Schusterman）	力士投资公司（Samson Investment Company）董事长、CEO，该公司年产石油天然气价值 13 亿美元
约翰·夏普（John Sharpe）	帝国酒店（Empire Resorts）董事长，四季酒店（Four Seasons Hotel and Resorts）前 CEO 兼 COO
布拉德·斯玛特（Brad Smart）	斯玛特管理咨询公司（Smart & Associates）董事长，人才“顶级评级”（Topgrading）概念的联合提出者

（续表）

姓名	职业生涯
马克·斯通（Mark Stone）	私募股权公司格雷斯集团的高级执行董事，体验喷气机会员俱乐部（Sentient Jet）前 CEO
比尔·斯托里（Bill Story）	新港滩法拉利和马莎拉蒂旗舰店（Ferrari and Maserati of Newport Beach）所有人、董事长，世界上最大的法拉利和玛莎拉蒂分销商
杰克·波尔斯基（Jack Polsky）	威廉哈里斯投资公司（William Harris Investors, Inc.）董事长、CEO
凯尔文·汤姆森（Kelvin Thompson）	海德思哲国际咨询公司执行董事，该公司在全球从事从私募股权和风险资本投资
内森·汤普森（Nathan Thompson）	彩虹逻辑公司（Spectra Logic Corporation）创始人、CEO
约翰·瓦利（John Varley）	巴克莱银行 CEO
埃里克·冯克（Erik Vonk）	两度出任 CEO，使其经营的 2 家公司市值翻 7 倍
乔恩·韦伯斯特（Jon Weber）	大股东、亿万富翁 Carl Icahn（卡尔·伊坎）曾聘用的首席运用官
道格·威廉姆斯（Doug Williams）	爱健康技术公司（iHealth Technologies）创始人、CEO
约翰·泽尔默（John Zillmer）	联合废品工业公司董事长、CEO

致谢

我们真挚地感谢所有帮助我们的人。他们聪明、慷慨，给予我们无限关怀。

斯玛特公司的全体员工感谢自己的数百家客户公司、数万名研讨会听众。在过去13年里，他们给予公司无限灵感和启发。没有他们，就没有发现，没有建议，没有案例，也就没有这本书。

在为本书作专门调研时，我们采访了80多位最杰出的商界领导人，获取了大量建议和案例。

前面，我们列出这些“行业领军者”的名单，对他们表示感激。

此外，我们还特别感谢芝加哥大学商学院的史蒂夫·开普兰博士和他率领的研究小组，感谢他们的辛勤工作。史蒂夫跟莫滕·索伦森、马克·克列巴诺夫一道追踪2000—2005年我们招聘的313名

CEO 的工作成果,得出惊人发现,把管理者分为“猎豹”型和“绵羊”型。在史蒂夫的办公室里,我们边喝咖啡边热烈讨论这一惊人发现,并期待着对这一现象作进一步研究。

我们还感谢斯玛特在哈佛大学的研究小组,乔什·贝林(Josh Bellin)和卡内什·克修拉(Canesh Krishna)二人不懈地分析 CEO 的成功资料,得出惊人的发现。我们还感谢他们整理了“行业领军者”的文件。

我们躬行己说,用 A 级招聘法遴选经纪人和出版团队成员,我们很高兴自己做到了!我们感激经纪人海伦·里斯(Helen Rees),是她把我们引入出版界。她是 A 级人才中的佼佼者。她还把我们介绍给她的儿子洛林·里斯(Lorin Rees),他指导我们写出了递交出版商共同研究的 A 级建议书。

蒂姆·巴莱特(Tim Bartlett),海伦引荐给我们的兰登书屋(Random House)的编辑,我们的合作过程非常愉快。要知道,没有多少作者会这样评价一位编辑。我们咨询的人透露:蒂姆是出版界的明星。他们说得没错。谢谢你,蒂姆,谢谢你把粗糙的手稿加工润色成一本高质量的著作,让我们骄傲地呈献给世人。我们还感谢霍华德·米恩斯(Howard Means),他在蒂姆的帮助下对本书作了终审。当然,我们还感谢兰登书屋巴兰坦图书(Ballantine Books)团队的全体成员,他们看好这本书，并积极推动它早日面世。

我们还十分感谢布拉德·斯玛特，他对杰夫有巨大影响，在杰夫刚 12 岁时就鼓励他将来从事管理评估咨询。布拉德还善于激发他人思考，1997 年，我们开始跟他一起创造并提炼“顶级评级”这一概念。

马歇尔·古德史密斯对初涉出版业的我们给出了有益的建议。保罗·拉塔其奥、约翰·泽尔默和艾德·埃文斯都读过本书初稿，并提出坦诚的意见，帮我们消除了一些书中出现的错误。另外，还有许多其他人为本书的出版作出了贡献。

芝加哥大学斯玛特研究组成员：杰夫·斯玛特、马克·克列巴诺夫、莫滕·索伦森、史蒂夫·开普兰、兰迪·斯特里特（从左至右）

最后，我们还要感谢斯玛特公司全体成员，他们创造出用于统计研究的“斯玛特评估法”（SmartAssessment®），并发明了用于解决招聘问题的新方法，即本书传授的“A 级招聘法”。

找到“在其位而善谋其政”的人

聘人决定成败！这绝非危言耸听。你也许亲历过或在报上读过：某大型上市公司被某位CEO生生搞垮，某区域的销售业绩由于换了大区经理而急剧下滑，某位经理助理总是耽误事情……为什么会这样，你想过背后的原因吗？

原因就在于那个在其位而不能谋其政的“人”。记住：招聘并非找个人来填补空缺，而是要他在岗位上做出业绩。根据斯玛特顾问公司的研究：聘错人的代价极其高昂，公司平均需付出15倍于薪水的代价。

举例来说：你聘来一位营销经理，薪金不菲，而他能力不足，错过了市场拓展良机，失去了潜在客户，结果你不得不“请”走他。事后算笔经济账：他拿走了薪水，领取了差旅费，又造成效益损失，合计有两三百万元甚至更多。聘错其他岗位上的人员也是如此，只会增加成本，造成混乱，耽误时间。

既然聘人的重要性不容小觑，那么，怎么聘对人呢？在本书中，杰夫·斯玛特和兰迪·斯特里特提供了一套“A级招聘法”。它不会比你以往所用的招聘方法费时、耗力，但能帮你聘对人。无论参加招聘会、在报纸上登招聘广告，或者在人才网站上发布招聘信息，你都只是模板式地给出“任职资格”和“职位描述”——前者是对人员的要求，后者是岗位具体工作内容。

A级招聘法与此不同，你需要填写“记分卡”，列出岗位人员的使命、需实现的成果和必备的工作能力。哪种方法更能帮你精准地找到能胜任工作的人选呢？当然是目标导向的记分卡。毕竟，聘人来不只是看他的工作过程，更要看他的工作成果。光是这一点就足以令人叹服。

其实，整个A级招聘法是一套完整的体系，涵盖填制记分卡、物色、考察人选，以及说服对方加入4个阶段。阅读中，你会时时感到惊喜，想不到居然有这么多妙招可以帮你解决头疼的聘人问题！

A级招聘法不是无中生有，而是斯玛特顾问公司通过1 300多个小时的采访（对象是20多位亿万富翁和300多名CEO）并结合自身经验总结出的。A级招聘法不仅能帮你聘来合格的前台接待，也能帮你请到有才干的经理高管。它很简单，只要用心学习、多多实践便能充分掌握。

为何定名为"A级"呢？因为杰夫·斯玛特和兰迪·斯特里特要帮你招到最棒的A级人员。他们把候选人分为A级、B级和C级3类。他们想让你的团队里净是A级成员，做出A级成绩，具有A级竞争力；作为团队领导，拥有这样一批A级员工，你就能不断创造更成功的事业。

译完本书，我最大的感慨是：这是一本好书！在琳琅满目的人力资源类书籍中，它传授的方法是那么新鲜、实用。阅读本书，充实自己的招聘头脑，升级你的招聘方法。正如作者所说：哪怕你的招聘成功率只提升10%，也会实现100倍的回报。